日本電産　永守重信が社員に言い続けた

仕事の勝ち方

简单经营

日本电产创始人兼CEO永守重信经营法则

[日] 田村贤司　著　饶雪梅　译

中国出版集团　东方出版中心

图书在版编目（CIP）数据

简单经营：日本电产创始人兼CEO永守重信经营法则 /
（日）田村贤司著；饶雪梅译. 一上海：东方出版中心，
2020.01
   ISBN 978-7-5473-1583-5

Ⅰ.①简… Ⅱ.①田… ②饶… Ⅲ.①电机工业－制
造工业－工业企业管理－经验－日本 Ⅳ.①F431.366

中国版本图书馆CIP数据核字（2019）第276941号

上海市版权局局著作权合同登记：图字09-2019-1069号
NIHON DENSAN NAGAMORI SHIGENOBU GA SHAIN NI IITSUZUKETA
SHIGOTO NO KACHIKATA written by Kenji Tamura.
Copyright © 2017 by Nikkei Business Publications, Inc. All rights reserved.
Originally published in Japan by Nikkei Business Publications, Inc.
Simplified Chinese translation rights arranged with Nikkei Business Publications,
Inc. through Bardon-Chinese Media Agency.

简单经营
—— 日本电产创始人兼CEO永守重信经营法则

著　者　〔日〕田村贤司
译　者　饶雪梅
责任编辑　李　琳
封面设计　陈绿竞

出版发行　东方出版中心
地　址　上海市仙霞路345号
邮政编码　200336
电　话　021-62417400
印刷者　山东鸿君杰文化发展有限公司

开　本　890mm×1240mm　1/32
印　张　6.5
字　数　82千字
版　次　2020年1月第1版
印　次　2020年1月第1次印刷
定　价　49.80元

序

日本电产是当今全球最大的电机制造商，也是日本制造业中唯一一家创立于 1970 年之后、年销售额超过 1 万亿日元的企业。其创始人兼 CEO 永守重信是怎样一个人？其经营管理的精髓是什么？本书精选永守重信的 100 句话，分析他在企业经营、人才培养、领导管理和应对变化等方面的独到之处，以供企业经营者、中层管理者和年轻员工从各自需求出发参考借鉴。

永守重信独特的经营管理方式，曾被视为吃苦耐劳、苦干实干的代名词；由永守主导经营管理的企业，也曾被视为依靠苦干取得成功的典型。

如今，"吃苦耐劳""苦干实干"似乎有些不合时宜了。日本政府推进劳动方式改革，要求企业改变员工长时间劳作、常年以办公室为中心的现状。这动摇了日本企业自二战结束以来延续至今的工作方式。

企业方面也在努力响应政府号召，尽量缩短加班时间。不过，是否所有企业都能真正跟上劳动方式改革的步伐，尚不可知。要在缩短工作时间的情况下保持企业竞争力，就必须提高生产效率。实际上有不少企业是在没有任何相关措施的情况下标榜减少加班时间的。问题在于既不苦干实干，又无提高生产效率之策，企业如何能取胜？

在这场劳动方式改革的大潮中，日本电产备受关注。他们高喊"2020 年实现零加班"的口号，着手改革工作方式，提高生产效率。据说，他们于 2016 年 1 月开始改革，目前已经实现加班时间减半，且仍在不断接近目标。

该怎样看日本电产的变化呢？其实，这并不意味着他们降下了苦干实干的旗帜，而是更加注重通过提高生产效率缩短工作时间了。也许在外人看来他们改革前后迥然而异，但对永守而言，创业 40 余年来，他一直都在努力突破这样的难关。

日本电产是 1973 年 7 月永守和三个伙伴赤手空拳创办的，如今年销售额（2017 年 3 月期）已达 11 993 亿日元，更提出了 2020 年度 2 万亿日元、2030 年度 10 万亿日元的目标。

众所周知，日本电产不断发展并取得这般成功的背后，离不开永守独特的经营管理。不过，人们未必真正了解永守的经营管理方式。如今也仍有不少人认为日本电产的经营特点主要在于提倡吃苦耐劳、刻苦奋斗。笔者认为全面追求高收益快发展的企业经营管理体制，并非单靠喊口号就能建立的。日本电产迄今为止收购了 56 家公司，特别是 20 世纪 90 年代，一举并购了日本国内诸多经营不善的企业，这岂是靠吃苦耐劳的精神就能做到的？

永守式经营重视员工的干劲胜过一切。日本电产非常注重提高全体员工的士气，全面降低成本，以灵活的战略开拓市场。他们于 20 世纪 80 年代到 90 年代占领了硬盘驱动马达市场，2000 年前后开始通过并购海外企业，涉足车载、家电、商业和工业等领域的电机制造。

成立 40 多年来，无论哪个时期，日本电产总能凭借高瞻远瞩的战略、切实可行的战术、高昂的士气和非同一般的执行力，战胜困难，不断发展。眼下正在开展的工作方式改革也不例外。备受瞩目的大胆的"零加班"口号背后，既有可靠的发展策略，也有对员工工作的指导。日本电产在彻底深入分析企业和职员应该如何取胜后，制定了相应的战略战术，并彻底贯彻落实。

笔者 20 余年来一直关注日本电产的动态，并经常采访永守。本书精选永守的 100 句话，并逐一结合背景展开分析，为大家揭示永守式经营的精髓。这 100 句话，有些选自日本电产收集的"永守语录"，有些源于笔者长年采访所见所闻。

第一章《工作与热情》，揭秘视员工士气为公司根基的永守，是如何充分激发士气的。

第二章《人与组织》，分析永守成功地让许多企业起死回生的原因，通过永守本人话语介绍成功率 100% 的企业重组策略。

第三章《教育与成长》，介绍永守的人才培养之策。永守主张"把三流人才培养成一流人才"，他的许多话都值得那些不知该如何培养人才的经营者、管理者借鉴。

第四章《上司和部下》，介绍永守关于领导的观点。分析实际负责公司运营的中层管理者该如何做，以及永守是如何培养中层管理者的。

第五章《经营者与志向》，介绍永守对企业经营者的看法，并探讨永守自身作为一名企业经营者是如何奋斗、如何经营日本电产的，其中包括从中小企业到大企业的经营者必须考虑的问题。

第六章《变化与创造》，通过永守的话语，揭示日本电产的最强项——应变能力和预测能力，进而探讨如何养成这样的能力，这对企业经营者、管理者和年轻员工都有重要的参考价值。

第七章将永守与京瓷的稻盛和夫、本田的本田宗一郎、大和房屋工业的石桥信夫、松下的松下幸之助、日本麦当劳的藤田田等著名企业家作比较，找出他们的共同点：真正的积极主义、富有人格魅力等等。

田村贤司

目 录

第一章

工作与热情

员工士气决定一切

激励人心的话 1 ▶

> 事情的成败取决于干劲。没有任何公司会欢迎没精打采、毫无干劲的员工，如果有，公司不是倒闭就是业绩不振。

要实现企业目标，最关键的是什么？企业经营者可能主张商品竞争力、技术实力或营销能力；中层管理者或年轻员工可能主张"多掌握知识"或"提高交际能力、策划能力"等等。永守则认为"员工士气重于一切"。

"如果员工提高利润的意识足够强烈，就一定会想方设法节约成本。这种员工积极主动参与的成本削减活动也更容易得到长期坚持。"

士气和干劲是一切工作得以开展的前提，也是决定一切成功与否的关键。那要怎样做才能让士气高涨、让大家充满干劲呢？永守当然不会天真地以为只要吹响进军的号角就行。

永守认为，首先必须设定明确的目标；再教授具体的方法和技巧，让大家动手做起来；取得初步成效后，鼓励大家继续加油。在此期间，要不厌其烦地强调"干劲决定一切"。永守说"要反复说，说到耳朵起茧，说到旧茧上长出新茧"，让员工把"干劲决定一切"铭记于心，绝不能妥协。

例如，2003 年日本电产并购三协精机制作所（现日本电产三协）。三协与日本电产一样，是马达和精密零部件的大型生产商，由于在精密马达及其他领域过度投资、成本过高等原因，从 2001 年度起连续 2 期出现巨额赤字，最终归入日本电产旗下。

并购后，日本电产为三协制定了名为"K 计划"和"M 计划"的独特成本削减策略。其中，K 计划重新审查各项成本，对除人工费、材料费和外包费之外的事务用品费、光热费、出差费、物流费和交际费等成本，确定了"1 亿日元销售额对 500 万日元成本"的限额。

当时，1 亿日元销售额所耗费的成本，日本电产远远低于500 万日元，三协精机却多于 1 000 万日元，接近日本电产的 3 倍。这样的情况下，不狠下功夫是难以将成本控制在限额之内的，这就需要充足的干劲驱动大家不懈努力。为此，永守反复强调事情的成败取决于干劲，还用后面这句话帮助大家保持并提高干劲。

激励人心的话 2 ▶

> 做事情最重要的是：非做不可的信念，坚持到底的执着，一定能取得好结果的自信。

近 3 倍的成本差距的确很大，但日本电产已经做到了。永守认为抱着"非做不可的信念""坚持到底的执着"和"一定能取得好结果的自信"，努力去做，就一定能做到。

其实，三协精机在归入日本电产旗下之前，就已经开始削减成本了。不过，据当时的负责人回忆："怎么也减不下来。"

日本电产在 K 计划中采取的最强有力的做法是全员参与。如果由特定部门发出指示要求大家执行，往往容易因计划本身不切实际而难以得到落实。因此，日本电产让全体员工一起想办法，力争削减身边一切成本。

例如书报费。三协精机过去为各部门订阅了多种报刊，从全国性报刊到地方性报刊、专业报刊等，书报费高达每月 69 万日元。这次活动成功将书报费减到每月 2 万日元。

过去员工办公桌上"堆满了圆珠笔和文件夹等文具，多得简直可以开店"（永守语），后来文具改成集中管理，不申请就不可以使用。这种严格的管理使文具费由原来平均每月 18 万日元减到 1.2 万日元以内。

多余物品的清除，还使办公区域缩小了，腾出的空间无须使用，电费也削减了。

这些直观可感的成效激励员工继续提出削减成本的新办法，多达数百种。甚至有人提出禁止上一回厕所冲两次水。

这个过程简单概括就是：提出明确的目标和行之有效的方法，帮助大家取得明显的成效，提高士气，进而激发大家想出更多的改善方法，并步入良性循环。

这里有个诀窍值得我们注意，那就是让努力后的效果呈现在大家面前，使士气进一步高涨。毫无成效的东西是难以激发大家的干劲的。永守的严格管理并不无视人性的弱点，但不向人性的弱点妥协。如果大家还没做好，他会坚持激发大家的干劲，直至做好。从"信念""执着"和"自信"等表述中，我们不难感受到永守改革企业的意志之强烈。

要成功，首先必须有一颗坚强的心

激励人心的话 3 ▶

> 做成一件事情的前提条件是，做事的人相信能做成。当你开始相信自己能做成这件事，你便完成了这件事的一半。

1967 年永守从职业训练大学（现职业能力开发综合大学）毕业后，进入音响制造公司蒂雅克，主要负责开发精密马达。

永守在职业训练大学电气科体验到了马达的有趣之处，意欲在这个领域做一番事业。他从小就有创业的想法，进入蒂雅克主要是为了进一步掌握马达的相关技术，了解市场，学习企业的经营管理，以便为创业做准备。

永守预计创业需要 2 000 万日元左右的启动资金。当时职工月工资普遍在 5 万日元左右，按 30 个员工算，一个月需要 150 万日元左右。

此外还需要投入资金采购生产马达的设备和材料等。这样算下来，2 000 万日元大概可以撑半年。这期间再从银行贷一些款，差不多就可以了。

当时的社会环境下，创业失败后是很难从头再来的，但永守毫不畏缩，果敢地踏上了创业之路。为了积攒资金，他"把基本工资和奖金都存起来，仅靠加班费维持生活"。

要战胜失败的恐惧，唯有让自己的内心足够强大。

激励人心的话 4 ▶

> 战斗中能否取胜，取决于能否战胜自我。一个能战胜自我的员工，能战胜任何事物。

战胜自我的能力，也体现在专注力上。

永守向来不管遇到什么事情，都能专注地朝着目标奋勇直前。

永守曾告诉笔者，精力旺盛的他就职于蒂雅克期间，为了给身体注入更多能量，一直坚持举行特别的"仪式"：每天早上一到公司，便站在办公室的窗前，面向太阳双手合十。白天他还会跟随太阳位置变化而移动办公桌，以便尽可能多地"吸收太阳的能量"。据说，为此他还被部长质问过："这是在干什么？"

事情是真是假我们不得而知，值得注意的是他全身心为理想奋斗的态度。对于认定的目标，他总是专注得彻底，投入得彻底。

日本电产的现任副董事长兼首席运营官小部博志，是永守职业训练大学的后辈，比他晚 4 届。他们就读于该校的时间完全不同。永守从该校毕业进入蒂雅克后，搬到离公司较近的国分寺[1]，租住的房间碰巧与从故乡福冈县北九州来到东京的小部相邻。

两人情投意合，自那时以来一直是"大哥和小弟"的关系。永守于 1970 年 11 月从蒂雅克辞职，进入总公司在京都的精密机械制造企业山科精器后，刚从大学毕业就职的小部也辞职并去了该公司。

---

[1] 国分寺：位于东京都多摩地区的城市，是东京的卫星城。

山科精器意欲进军马达领域，所以从蒂雅克挖了永守，永守又叫来了小部。小部"在大学学的是设计，原以为可以做设计，没想到被（永守）安排做销售。只好干起了此前一无所知的销售"。1973 年 7 月永守创办日本电产，小部也参与其中，依然做销售。

小部回忆说："当时什么门路都没有，就连产品也没有，我只能想方设法竭力推销。我翻看电话册，寻找可能需要马达的公司，再前往推销。到了对方公司后，我借用他们所使用的马达的说明书，向他们保证我们能制造更好的产品。"虽然当时什么都没有，但非做不可的意志，"帮助我战胜自我，坚持到底"。

公司现在的条件允许永守提出"以员工零加班为目标"，而当时却只能"比别人加倍努力"（小部语）。当时小部一个月要跑 100 家公司去做推销。

有时，客户会提出高难度的要求，诸如"性能增倍""体积减半"等等。当大家觉得无论如何努力也做不出来时，永守便会要求小部和技术人员"大声说 100 遍'能做到'"。大家只好不断地说："能做到！能做到！能做到！"

回想当时的情景，小部不禁苦笑，不过，"慢慢地士气高涨了，真的就做成了"。

激励人心的话 5 ▶

> 人才左右企业的命运，这点自不待言。力争聚集能力高强的人才诚然重要，但最重要的还是要有几个内心强大、经得起任何风雨的人物。

永守他们对自己的要求，从这句话也可见一斑。

创业第三年小部独自前往东京，从零开始做销售。"我只带了公司简介去东京。因为当时什么都没有，只能先请对方支付模具费，再制作对方指定的马达。这种情况很容易导致客户流失。"小部说。

生产自有品牌的产品则是后来的事情了。

如此残酷的战斗是现在难以想象的。

支撑永守他们坚持下来的是"一定能成功"的坚定信念。

深知工作之严峻的人才能出成绩

激励人心的话 6 ▶

> 工作的要义绝不是享乐。如果工作是一种享乐，我就可以像游乐园、电影院那样，每天早上在公司大门前向员工收门票了。之所以不能这么做，就是因为工作是很辛苦的。

　　永守既有关西人典型的幽默和开朗，又有一丝不苟的严厉。兼具开朗与严厉的永守，很大程度上决定了日本电产的特质。

　　日本电产成长的背后有其独特的结构和制度。事业所制就是其中之一，这是公司创办后的 10 余年间一直采用的体制。虽然日本电产于 2012 年 4 月组编成精密马达、车载、家电·商业·工业用马达等 4 个事业总部（2016 年 7 月开始改为 3 个）后，事业所制"只作为一种思维方式留存着"，但它无疑是日本电产相当长时间里的一大特色。

这个事业所制，简单说来就是以工厂为单位进行结算，同时将相关的销售部门独立出来，以增强营销能力。事业所制以销售部门为中心，协调工厂和开发部门，应对客户在价格、交货期和式样等方面的要求及变更。

一般而言，如果客户要求降低产品价格、缩短交货期或临时要求改变产品式样，往往会引起工厂和研发部门的抗议。

对工厂而言，提高生产效率所能实现的价格下调毕竟是有限的；缩短交货期则需要更改生产安排及其他，相当麻烦。工厂要对收益负责，自然不愿勉为其难。

对研发部门而言，临时改变产品式样容易导致产品品质无法保证，自然希望避免。

在事业所的体制下，销售部门发挥着从实际情况出发协调客户需求（市场变化）与本公司的工厂和研发部门等环节的作用。

工厂方面，要确保原定利润，就必须控制成本；至于抽取销售额的几个百分点作为技术费的研发部门，也得寻找销售额增长与研发负担增加之间的最佳平衡点。

在事业所的体制下，销售部门就像火车头，带动公司适应市场需求。来自顾客和销售部门的诸种有理无理的要求，激发了工厂和研发部门的创新。

让公司内的工作氛围保持一定的紧张感，这确实很符合永守的经营管理风格。

激励人心的话 7 ▶

总能把负责之事做到最好的人，是那些随时严格检查自己的人。

现实中公司里很可能出现这样的情况：一方面，与市场对接的销售部门努力配合顾客需求，大声疾呼尽快行动；另一方面，工厂和其他环节出于利润的考虑，并不乐意应对。这类矛盾可谓工作的一大难题。

不过，日本电产并未因此成为一盘散沙，这是为什么呢？永守这句话正好可以解答这个疑问。永守认为经常认真检查自己工作情况并不断加以改善的人，能真正把事情做好。如果公司的大多数员工都成长为这样的人才，结果只有一个，那就是利润得到提高。

日本电产最大的特点便是非同一般的执行力。对于制定好的计划，他们无论如何都会想方设法落实。

为此，他们还设立了特别的机制——一旦事情未按原计划进展，相关部门的负责人便会及时碰头商议对策，并落实到位。

他们非常重视及时沟通灵活应对实际情况。不只在事关全公司和重要项目的重大事情上，即便是普通谈判或日常生产中遇到意外情况，他们也会马上商议对策。

如此一来，公司内部根本无暇勾心斗角。因为大家总在忙着发现问题→分析原因→商议对策→落实。

激励人心的话 8 ▶

　　追逐快乐，快乐便会离去；逃离痛苦，痛苦便会穷追不舍。这是我非常喜欢的一句话。

对于人生的"严峻"，永守是这样说的：

"从长期看，人生总是苦乐参半。享乐必定伴随痛苦，熬过痛苦一定能迎来快乐。""遗憾的是有太多的人过度追求享乐。想换好车,想住豪宅,一味地放纵自己的欲望,却不愿承受相应的痛苦……"

只知永守日常形象的人可能会对这句话的克己色彩感到意外。其实,永守这句话最想表达的是:不逃避痛苦,才能有所改善,才能前进,才能实现企业的成长。

一直勇往直前，所以越来越强大

激励人心的话 9 ▶

> 乐观开朗，积极进取，不消沉。

这也是永守经常说的一句话，可以说是永守直面痛苦、从不逃避的力量的来源之一。

他曾笑着说毕业后在第一家公司——蒂雅克工作期间，由于总是面朝太阳而坐，被取外号"向日葵君"。从他所说的"必须抬头挺胸"，我们也不难想象他当时的姿态。

人如果总是低垂着头，久而久之意志便会消沉，变得保守。他还说过："抱怨的话语带给听者的负能量比说者还多。"

保持积极乐观的态度非常重要。勇往直前的坚毅面容能照亮周围，"乐观开朗，积极进取"的姿态能给后来者以力量。

当然，目标也要逐步提高。达成一个目标后，马上立下更大的目标，激励员工昂首挺胸。

1988 年 11 月，日本电产于创办 15 年后在大阪证券交易所第二部和京都证券交易所上市。次月的社报《尼得科》上，永守首先对员工说："上市能带来很多好处，同时也意味着责任，乃至严格的制约和缺陷。"他紧接着便提出了新的目标：

"我们的下一个目标是，创立 20 周年（1993 年）之前挤入（年销售额）1 000 亿日元的行列，并在东京证券交易所上市，在大阪证券交易所升入第一部，实现创立时的目标——名副其实地成为世界级大企业，并在纽约上市。"

其实，日本电产此前一年（1987 年）的年销售额不过 291 亿日元。

虽然日本电产的上市速度在当时算是非常快的，但年销售额尚不足 300 亿日元之时，便立志 5 年内实现销售额增长 2 倍以上，达到 1 000 亿日元，并在世界的金融中心纽约上市，足见永守的乐观积极。

这样的氛围下，别说当事人，就连普通员工，也不会低垂着头。

激励人心的话 10 ▶

> 　　第二名，是更接近第一，还是更接近末尾？回答是接近末尾。除了第一，其他都是末尾。

　　永守不带丝毫玩笑地说，自己孩提时代起便认为："除了第一，其他都是末尾。"据说他在校期间，学习成绩稳居第一，打棒球时一定是投手或四棒，文娱会他也力争当主演。就连去澡堂，他也一定把鞋子放入一号鞋柜。"如果一号已经有鞋，便把鞋放到鞋柜的上方。"乘坐新干线和飞机，他当然也选一号的座位。

　　他还笑着说自己孩提时代便一本正经地考虑过"将来要当社长或工会主席，万一当不了，就当黑社会头目"。这件事的真实性不得而知，我们也可以简单地把它当作小孩常见的奇思妙想一笑了之，但他时刻不忘力争第一，实在令人吃惊。谁都有可能因一时心血来潮而产生类似的想法，但能把它铭记于心，片刻不忘，就不简单了。

　　永守的这种态度一直贯穿在企业经营管理之中。"销售能力和市场开拓能力，我们也绝不能输给任何公司。市场占有率也绝不能甘居第二、第三。我们公司一定要以第一为目标，而且是遥遥领先的第一。"

这并非他个人意志上的一厢情愿，有确凿的数据支撑他的主张。

"以前，无论日本国内还是国外，行业前四名的市场占有率往往相近。但是，泡沫经济崩溃以后，市场占有率的分布变成第一名 60% 以上，第二名 15%，第三名是第二名的一半即 7.5%，第四名便不到 4% 了。至于利润，第二名只有第一名的十分之一，第三名只有百分之一，第四名则是赤字。"

20 世纪 80 年代的大变化中，永守凭借其独特的"第一名思想"带领日本电产实现了真正的成长。

企业实力的差距，源于员工意识的差距

激励人心的话 11 ▶

> 人与人之间，能力的差距再大也大不过 5 倍；思维的差距却能拉开 100 倍。

永守曾多次跟笔者说过有关拉面店店员的经历。

当时日本电产还只是一家中等规模的企业。永守去东京出差，客户介绍说他们公司附近有一家生意兴隆的拉面店，并带永守一同前往。

该店从外面看并无特别之处。待他们走近店门处，便看到有个年轻店员过来迎接。店员为他们拉开门，大声招呼："欢迎光临！"

入座下单时，店员边热情招呼他们，边关注店门处，见有客人到来，便迅速上前开门。而且，对永守他们的服务也非常周到，整个氛围令人非常愉快。

虽然该店的拉面本身并无特别之处，但店员热情的态度和周到的服务让永守非常满意。

这次经历让永守深切地体会到：

> 人与人之间，能力的差距再大也大不过 5 倍；思维的差距却能拉开 100 倍。

一般而言，人与人之间基本能力的差距再大也大不过 5 倍。一家店既不可能做出比别店美味 5 倍的拉面，也不可能将上菜的时间缩短到别店的五分之一。但店员的思维不同，可能使店铺（公司）截然不同，甚至使顾客体验相差 100 倍。

员工和职员的思维能改变公司，他们的思维很大程度上又取决于经营者的格局。

激励人心的话 12 ▶

沟通交流比什么都重要。

要问拉面店店员的觉悟从何而来，笔者认为是经营者的观念深深地融入店员的意识中。

经营者的观念固然非常重要，但只有充分传达给店员，让他们铭记于心，才能改变他们的思维。

永守管理公司的特点之一就是尽量多和员工交谈。

不仅是日本电产，但凡收购到集团旗下的企业，无论是国内的还是国外的，永守都尽量多和大家交谈，而且他的交谈对象并不限于社长和高层，还包括中层管理人员，甚至年轻员工。

其实，大企业的社长去子公司视察时只跟干部交流的情况并不少见。但永守绝不会这样，尤其对于并购到集团旗下的企业，他总是不厌其烦地跟员工交谈。

例如，日本电产 2003 年 10 月收购陷入经营危机的三协精机制作所后，面对课长级以上管理人员约 300 人、普通员工约 1 000 人，永守采取了分组谈话的做法，短短一年的时间里，共开展了 70 多次午餐会和晚餐会。笔者也曾参加他们的聚会，笔者注意到虽然有些年轻员工刚开始时紧张得两眼只盯盒饭，但慢慢地绝大部分都开始说话了。

永守的话语有些严厉，例如"公司有很多问题""售价低，成本高。我们正在改变这种状况"，但他的口吻却很幽默，带着关西人特有的风格。即使对方只是年轻员工，永守也会认真地询问，诸如"组织改革可行吗？""如果集团内有经营同样内容的企业该怎么做？"他就是这样通过交谈了解"公司员工士气有没有提高""自己的想法是否被大家接受"等等，再根据这些情况决定接下来的改革。

现在，永守不再像当年收购重组三协精机时那样在同一个地方频繁举行用餐会了，但这种习惯一直保持着。聚餐的费用全部由永守个人承担。

永守希望通过交谈，让自己了解公司氛围，也让他人了解自己。

激励人心的话 13 ▶

| 不忘始志。

一般都说"不忘初衷"，永守却用"始志"，这充分反映出他对"志"的看法：他认为开始做一件事时最需要志，因此特意用这个"始"字。

永守在《挑战之道》（汇总了永守的思想和日本电产的理念，可谓日本电产的社训）一书中说："我创办这家公司时，首先做的事情便是确立公司的基本方针。诚然，生产计划也很重要，销售计划和资金计划也必不可少，但我认为首先必须做的是，用具体的语言明晰我们的志向——要建设怎样的公司？"

不是初期意义上的"初"，而是开始做一件事情的"始"。

那么，永守的始志是什么呢？那就是日本电产沿袭至今的经营三原则，即："非家族企业，不把企业当作私有物"；"不加入任何企业的伞下，建设独立自主的企业"；"建设世界级企业"。

据说，经营三原则是 1973 年 7 月公司成立当天就明确定下的，当时他们只有四个人。

永守回忆说也曾被嘲讽过"自以为是"，但他根本不理会。

永守确信"做一件事，如果不能将开始做时的目标和志向坚持到底，将一无所成"。

激励人心的话 14 ▶

一切取决于"志"的坚定程度。

永守经常提到"志"。

他还说"目标能否达成，主要取决于'非做不可'的志向有多坚定"。这个道理本无须多言，但如果能结合永守的另一句话来理解，启发就大了。

"想要达成目标，就必须勇于挑战新事物和新困难。所谓'志'，也意味着与自己作斗争。人的成长并非随着年纪增长便能自然而然实现的。战胜自我才能实现真正的成长。"

也就是说，"开始"的时候便应该明确自己的志向，并坚持到底。这就必须不顾一切地努力奋斗。

勤奋工作才是实现成长的根本途径

激励人心的话 15 ▶

> 每人每天都有且只有 24 小时。

这句话我听永守说过几十回，还反复听他创业前结识的小弟兼同志、公司的副董事长小部说过。

创业初期，他们没有人脉，没有钱，也没有产品。要与走在前面的大企业竞争，就只能充分利用大家都拥有的 24 小时。

大企业有人脉、有产品、有资金，确实更方便。不过，只要充分利用好每个人都有且只有的 24 小时，就有可能与大企业匹敌。

永守曾说，除去吃饭睡觉等生活必需的 8 小时，还可以工作 16 小时，可以以此弥补与大公司的差距。

当然，单纯地延长工作时间并无意义，重要的是用这 16 小时做什么。意识到这一点的永守在创业之初便不同于一般企业主，他以全面缩短交货期为目标。日本电产告诉顾客，如果其他公司的交货期是 1 个月，日本电产可以在 2 周内交货。他们是这样算的：别的公司每天工作 8 小时，自己加倍工作，交货期便可缩短一半。永守把这称为"倍和半的法则"。

日本电产还有一个很厉害的考虑。小部说："对厂家而言，成本、品质和交货期 3 个要素中，最重要的是交货期。整机制造商开发产品时，我们要尽快做好样品送过去。样品一般都不可能一步到位，如果我们的样品远远早于其他公司送达，整机制造商便会给我们一些改善建议。得到建议后我们马上着手改善，改好后再送去，如果又有新建议，就进一步完善。这时即使再收到其他公司的样品，对整机制造商而言，已经离不开配合他们做了不少改进的日本电产了。"

这样日本电产便赢了。

激励人心的话 16 ▶

热情、激情和执着；

> 智慧型奋斗；
>
> 立刻就干，一定要干，干到成功。

这三句话号称日本电产的三大精神，这是在"每人每天都有且只有 24 小时"的信念下拼命工作的过程中形成的。

奋斗的前面加上"智慧型"，强调奋斗并非单纯的长时间工作，而是必须开动脑筋。

要真正做到智慧型奋斗，就需要"热情、激情和执着"，以及"立刻就干，一定要干，干到成功"的决心。

值得注意的是，正如本书序中指出的，永守最近有了新的变化。

在日本政府推进的劳动方式改革中，各行各业都争先恐后地力争缩短工作时间。日本电产声称将于 2020 年实现零加班，彻底杜绝长时间工作。

这次日本电产推行的是新意义上的"智慧型奋斗"，即通过提高生产效率，缩短劳动时间。据说，日本电产为此投入了上千亿日元，积极使用机器人和超级计算机，导入提高工作效率的软件等等。

这也很符合永守的风格，他做事情向来踏实可靠。

如今的竞争早已不再是仅仅依靠单纯的长时间工作所能取胜的。日本电产清楚地认识到了这一点，并积极致力于提高生产效率。

新时代下日本电产的三大精神也在不断发展。

激励人心的话 17 ▶

不抱怨、不逃避、不放弃。

不管勤奋工作的具体所指是否发生变化，永守对人才的基本要求是"不抱怨、不逃避、不放弃"。他要求员工在困难面前，不抱怨，不诉苦，不逃避，坚持努力不放弃。

如果遇到困难，便归因于外部环境，诸如"问题出在日元贬值上""由于人手不足"等等，结果只会是逃避困难。

永守指出"办法总比问题多"。

2008 年正当日本电产的业绩迅速增长，眼看就要突破 1 万亿日元之时，美国次贷危机突然席卷全球，日本电产年销售额从前一年的 7 000 多亿日元降到不足 6 000 亿日元。

面对这前所未有的危机，永守宣称"要让公司具备销售额减半的情况下也能赢利的能力"，并再次开展全面削减成本的活动。

他提出利润倍增策略，重新调整所有项目，降低成本，成功实现营业利润的"V"字形回升，扭转了局面。

面对这样的全球性危机，日本电产也做到了"不抱怨、不逃避、不放弃"，还提高了利润率。

第二章

人与组织

赤字即罪恶

激励人心的话 18 ▶

倒闭的公司有一个共同点：无论公司还是员工都未充分发挥自身潜力。

众所周知，日本电产通过并购实现了高速成长。

截至 2017 年 10 月，永守重信并购了 56 家公司。其并购经历可以划分为两个阶段：始于 1990 年前后的第一阶段，并购对象以日本国内为主；始于 2005 年前后的第二阶段，并购对象以海外为主。

第一阶段，当时并购在日本并不常见，被出售的多是不景气乃至濒临破产的公司。永守果敢地收购了这些公司，并加以重组。显赫的重组战绩使永守在社会上名声大振，可谓当之无愧的重组之王。

永守常说："企业就应该赢利，如果不赢利，那就是企业经营者经营不当，员工没有发挥出自身潜力。"

在永守的观念中，无论什么企业，只要企业经营者鼓舞员工士气，使员工充分发挥出自身潜力，就能赢利。从这个意义上说，赤字本不该出现的，"甚至可以算一种罪恶"。

每家公司重组之初，永守都会努力鼓舞士气，告诉大家无论多么糟糕的公司都一定会好转。重组之王永守的魔力首先从让员工有信心开始。看到公司为赤字所困、濒临倒闭，员工丧失信心、毫无干劲，永守首先会激励大家："你们都很有能力，一定能让公司复活。"

大概正是由于这个原因，每家公司重组之初，永守都会在现场说类似的话。

2011 年 7 月日本电产并购三洋精密（现日本电产精密）。后者由于业绩不断恶化，于 2009 年归入松下集团，后来变成了三洋电机的子公司，原来的名字都彻底消失了。

该公司在包括智能手机在内的手机振动马达领域世界市场占有率为 30%（当时），有独特的优势，但由于承接了三洋电机的手机和数码相机的组装等不赚钱的业务等原因，被日本电产收购前，已经连续 3 期出现赤字，濒临破产了。

收购后的首次员工大会上，永守在致辞中说："坦率地说，三洋精密实质上已经破产了。但是，只要你们愿意按我说的做满 1 年，这个公司的情况就会好转。对此，我很有信心。"

对于已经习惯业绩恶化，甚至感到麻木的员工，永守首先让他们意识到"赤字即罪恶"，再帮助他们树立"一定能复活"的坚定信心。

要改变企业不景气的状况，非常重要的一点就是要从改变员工的心态开始。

激励人心的话 19 ▶

一个人都不在，走廊却依然开着灯；本来应该设为展示厅、请客户参观的一楼，却设置了跟赢利没有直接关系的部门……出现这些问题的原因在于大家没有力争创造附加价值的意识。

这是永守收购三洋精密后视察该公司时，当场做的"诊断"。

在永守看来，破产的公司与别的公司其实只差一点点，那就是在提高利润、创造价值的意识方面存在的差距。

据说，重组不景气的企业时，永守常常问员工"想过这个公司会倒闭吗"，得到的回答往往是"没想过"。

被收购的企业多为大企业，员工普遍不把公司业绩不振视为自己的事情。这正是永守最反感之处。

永守认为："不景气的公司，其员工往往缺乏'无论如何都要赢利'的强烈念头。所以，最重要的是先让员工意识到'绝不能出现赤字，无论如何都必须赢利'。"

永守的企业改革首先致力于提高员工觉悟。他认为对改善经营、实现盈利而言，最重要的并非做什么特别的事情，而是改变员工的思维。

例如，三协精机刚归入日本电产集团旗下，永守便向工厂组装机器人部门的主管严厉地指出："零件和材料供应商全都赚钱，只有三协精机不赢利。"使其大为震惊。

这应该是"采购价太高"的缘故，奇怪的是，"当时竟然没有一个人意识到这个问题"。

当时，机器人基本上都是定制的，根据客户需求一一采购零件和材料导致成本增加。据说永守指出："同样的材料，三协精机的采购价比日本电产贵了 20%。"

如果有努力提高利润的意识，可以争取实现材料通用，便可以降低成本。

想法上的略微疏忽，逐渐导致利润减少，日积月累，便会拖垮企业，最终招致破产。

相反，如果能逐步提高大家的觉悟，公司就能得到改善，并逐渐走向强大。这是永守反复强调的一点。

激励人心的话 20 ▶

常见的重组手段不可取。我从来不说"年纪大的要辞退""公司不需要没能力的人"之类的话。我只说要辞退懒惰的人。

重组业绩不好的企业，常见的手段有：（1）征集中老年人自愿辞职；（2）帮助个人业绩不好的员工改行。

永守从不使用这两种手段，但他特别介意员工经常缺勤（病假除外）或毫无干劲。

永守认为，要把企业做强做大，要重组不景气的企业，最重要的是员工士气，而士气高低的一个具体体现就是出勤率。

现实中日本鲜有企业经营者重视并严格管理出勤率。大概由于管理者一般认为病假之类无可厚非，而且，"日本人基本上都很勤劳，除非迫不得已，一般都会上班"，很少有企业专门制定对策提高出勤率。

永守则特别重视出勤率，因为他发现业绩不好的企业往往出勤率也很低。

其实出勤率直接关系到企业的人工费。

以三协精机为例，被日本电产收购前，出勤率常年低于90%，高的时候也只有 88% ~ 89%。出勤率"常年"低于90%，就意味着公司得多雇佣 10% 左右的"多余"人员。只要三协精机的出勤率能达到日本电产的水平（当时 99%），就可以节省 10% 的人工费。

此外，重组第一年，永守往往会请员工延长工作时间。

当时三协精机的员工全年工作时间一度从 1 875 小时增加到 2 080 小时，1 年后才降到日本电产的 1 992 小时。这个措施也使人工费减少了 10% 左右。

虽然永守声称"要辞退懒惰的人"，但他并不真的裁员。可以说，这是他促进企业改革得以落实的措施之一。

从某种意义上来说，提高出勤率的措施和本书第一章提到的削减一般经费的"K 计划"、降低采购成本的"M 计划"，都为公司改革起到了精神动员的作用。

公司改革的关键在于，不仅要提高大家的觉悟，更要采取相应的措施实现行动上的改变。

表面上看永守只说了"不能偷懒"，实际上他还思考着更为深刻的东西，使全体员工提高觉悟，齐心协力，通过行动实现改变。

激励人心的话 21 ▶

> 三流企业与一流企业之间的真正差距，不在于产品的差距，而在于"员工素质"的差距。

永守最重要的经营手段之一是"3Q6S"。

3Q 指 的 是 好 员 工（Quality Worker）、好 公 司（Quality Company）、好产品（Quality Products），6S 指的是整理、整顿、清扫、清洁、做法、教养（这 6 个词的日文发音首字母都是 S）。

6S 中的前 5 个 S，从整理到做法，经常被用作工厂的管理规范。在此基础上，永守在作业和工作流程方面，增加了"教养"的要求，让员工达到 6S 的高水准，实现 3Q 的目标，使企业更加强大。

5S 作为工厂管理规范，一般的工厂主要以标语的形式教育员工。永守却视其为重要指标，用作检测企业重组过程中以及恢复正常后，企业实力保持或提升与否的依据。他甚至说企业重组的时候，如果 6S 的评价不高，就不能实现真正的重生。

一家企业，如果业绩不好，直接原因可能表现为不合格产品增多导致成本增加、口碑不好以及行政部门效率低下等等。

永守认为导致这些问题的深层原因在于"6S"没做好。他的经验表明："工作上容易出错的往往是办公桌乱七八糟的员工，容易出现不合格产品的往往是打扫不到位的工厂。"

永守重组企业时，尤其注意在这方面进行严格指导。他在日本电产设置专门的部门，巡查集团旗下企业，对各企业的 3Q6S 进行打分评价，并指导他们不断改善。

三协精机重组之初，3Q6S 评分中被评了 5 分（满分 100 分）。据当时的干部回忆，大家看到竟然只有 5 分，"都大吃了一惊"。毕竟日本制造业的许多企业日常都会开展 5S 活动，三协精机也不例外，一直都在开展。

时任开发部门主管的平泽贤司（现日本电产三协社长）说，起初开发部门甚至提出质疑："难道把实验室和办公桌周围打扫干净，就能开发出新技术和新产品？"

后来，三协精机的 3Q6S 负责人参观集团旗下别的企业，大为震惊。工厂的每条生产线，都在告示板上张贴出了工作人员的技能水平。每周的业务计划和生产成果也一目了然。诸如治具、零件和器材等该放置何处之类的问题，也会列入提高生产效率的讨论中，因此很容易得到改善。

三协精机清楚地认识到差距之大，便着手改进。他们把办公桌及其周围打扫得一干二净。厕所的打扫，以前都是外包，现在也改由大家亲手打扫，先从董事开始，不久后便推广到管理人员和一般员工。

"改由自己亲手打扫后，大家用的时候就会注意保持干净，看到物品坏了，也会反思是不是自己维护不到位……大家一改原来事不关己的态度"（当时的中坚干部语），主动性和责任感都得到增强。

一个企业要强大，关键靠干部和员工的态度。

工作应该多动脑想办法

激励人心的话 22 ▶

公司不能总是毫无变化，细微的改善也能带来显著
的效果。

日本电产三协的某个干部说，他经常回忆起三协精机并
入日本电产旗下之初永守来访时的情形。当时他还只是个课
长，永守走到他身边时，突然对大家说："把抽屉拉开，让我
看看。"大家不解其意，不无顾虑地拉开抽屉，只听永守说了
声"果然"。大家的抽屉中都有不少圆珠笔、订书机、文件夹
和笔记本等文具，部门的置物架上也有不少文具。永守当场指

示"把办公桌和置物架里的文具集中放一起"。结果整理出来的文具多得可以开店了：文件夹 3 000 个、圆珠笔 1 000 多根、夹子 1 000 多个……

清理文具和资料腾出了许多橱柜，再撤去原本就空置的办公桌，并对布局加以调整，结果办公空间缩减了 3 000 平方米之多。

文具用品费也从每月 18 万日元降到了 1.2 万日元。拆除工厂和总公司大楼内多余的荧光灯后，一年的电费也减少了100 万日元。此外，公司实现重组之前严格控制向当地团体捐赠。

这是日本电产重组企业常用的做法之一，日本电产精密也采用过这样的做法。日本电产精密当时员工不满 200 人，却清理出好几百根圆珠笔、好几千个文件夹和好几百个夹子。至于荧光灯管，包括未使用的空间在内，共拆下了 1 000 根。

永守认为，不仅要减少浪费，还要使浪费可视化，"让大家认识到缺少利润意识，将招致多么严重的浪费"。

即便在不景气的公司里，如果单靠口头提醒，大家的紧张感还是会慢慢淡薄。亲眼看到堆积如山的多余物品和空空荡荡的办公区域，有助于让大家保持紧张感。

激发起大家的紧张感后，永守便着手下一步工作——请公司全体员工一起出主意，减少浪费，提高办公效率。

三协精密并入日本电产旗下 3 个月内，向全公司 1 200

名员工征集建议，收到大约 4 000 条建议。其中甚至有人建议"马桶冲水禁止冲 2 次""按冲水次数收费"等。

松尾智延并购前是全公司经费削减组的领导，后来担任新成立的经费削减部部长。他说："并购前，不少员工无视削减经费的呼声。但并购后，通过重组，整个公司的氛围焕然一新。"

这正是永守说的"细微的改善"不仅有其本身的效果，同时也具有深远的意义。

激励人心的话 23 ▶

当你感觉已经接近极限时，真正的磋商才开始。

这是永守在各种成本消减活动中反反复复说过的一句话。

在日本电产集团中，至少对于在日本国内的企业，永守一直坚持审核大量物品采购禀议书。他管得相当细致。

关于物品的采购，新加入集团、处于重组阶段的企业采购价格达 1 日元以上，一般的企业采购价格达 100 万日元以上，就要提交申请报告，由永守亲自审核。

前文已经多次提及"M 计划"，该计划要求一般情况下由管理人员和普通员工共 5 人交替跟供应商交涉、砍价。

如果是首次采购，负责人提交写有预估单价的申请报告时，永守便会回复具体的目标："如果是 A 价格，营业利润是 ×%。"

对于此前已经采购过或交涉过多次的商品，永守要求写明前次的成交单价、本次采购的最初预估单价以及交涉后重报的单价。

他还要求写下前次和这次的单价的比率、这次的最初预估单价与交涉后的单价的比率。他就是这样彻底追求成本缩减的。作为一家大企业，这样的指导简直让人难以置信。

实际上，曾经有一个已经离开日本电产的原干部，"讽刺"过这种做法，称永守是"微观管理的人"。所谓微观管理，是指上司对部下的业务进行细致的干涉，带有否定的意味。

永守并不因此而犹豫，他甚至说"微观管理能使公司强大"。

日本电产的一大优势就是，无论过去还是现在，做事情做得"很彻底"。以前是拼命苦干，现在是通过改善系统等手段提高生产效率。不管怎样，那种要做就做彻底的态度没变，他们一直坚持"立刻就干，一定要干，干到成功"。永守在公司里培育了"彻底"的文化，并加以推广。

嘲笑永守竟然"做到那样的程度"很简单，但没有别的企业家能"做到那样的程度"，也是不可否认的事实。

激励人心的话 24 ▶

古旧不合时宜的衣服应该脱下扔掉。

这句话收录在《挑战之道》一书中，该书旨在帮助员工理解永守主义。

永守在书中说："正如季节不断更替，我们周围的环境也时刻在变。季节在变，衣服却总是那一件，会很滑稽的。企业也一样，如果对大的经济环境、企业经营环境的变化反应迟钝，总是以同样的经营模式应对，那就不仅滑稽，还可能因着凉而感冒，因炎热而脱水，甚至危及生命。"

不能随机应变地改变经营模式，企业就难以存活。日本电产在实际经营中随机应变的做法之一就是经常召开"危机会议"。

日本电产和其他企业一样，每年会制定年度预算，明确一年间投入多少成本，销售额和利润要达到多少。现在有些企业还制定月预算，有的企业甚至按周次制定预算。预算的精准度自然得到前所未有的提高。

日本电产的特别之处在于预算的落实程度。如果环境发生变化，实际情况偏离原定周目标、项目目标，他们会迅速应对。至于危机会议，简直是家常便饭，只要销售额或利润看样子要达不到周目标了，便马上启动。

日本电产集团下某企业的干部苦笑说："如果从外面采购材料的费用超出预算太多，一时无法改变，便会先削减固定费用，以确保与原预算保持一致。与此同时采取有助于实现原计划的措施，诸如在较长时间内实现材料采购费减少，开拓有助于提高销售额的业务。设置危机会议就是为了能灵活应对影响预算的情况。"

企业重组过程中，维持并提高企业实力的一大武器就是速度。而密切关注环境变化并灵活应对的危机会议，是其尖兵，也是其象征。

激励人心的话 25 ▶

　　企业改革，最好由本企业的人推进。

　　永守的领导力的存在感很强，容易使人误以为日本电产收购业绩不良的企业后会派去不少人，以加强管理，推进企业改革。而实际上，日本电产一般只派两三人，且多为部门主管，多半情况下不派董事，派社长的情况则几乎没有。据当时从日本电产派往日本电产精密的员工说："我们只是把日本电产实现低成本高效率的方法教给他们，具体的落实还是交给专业人士，那样效率更高。"

　　这是因为永守考虑到："单是并购就够令员工消沉的了，若再从日本电产派出'驻军'控制企业的经营管理，将导致员工士气低落。与其这样，不如请专业人士担任社长，提高公司上下的士气，效果会好很多。"这确实很符合永守重视员工士气的管理风格。

激励人心的话 26 ▶

　　我不相信对自己的公司和工作毫无自豪感的员工，能有出色的业绩。

　　永守收购业绩不好的企业加以重组时，非常重视该企业的历史。

　　在那些原本是当地名门、现在却不景气的企业里，上至领导下至员工，当初进公司时往往都是带着精英的自豪感的。如果他们因被收购而感到一切都被否定，从此只能听凭他人指示了，必然会丧失干劲。

《激励人心的话25》中提到日本电产只派少许人员前往收购的企业，也是出于这个考虑。

日本电产还以更加具体可视的形式来尊重大家的自豪感。

例如，三协精机被日本电产收购前，其滑冰部已经是世界级强手。

滑冰是诹访湖结冰期间深受当地人喜爱的运动，也是三协精机的创始人大学时期非常热衷的事情。

三协精机于1957年创建滑冰部，其选手曾在冬季奥运会上夺得奖牌。保留该滑冰部，甚至能给日本电产全体员工带来精神激励。

日本电产不仅通过工作本身提高员工士气、感动员工的心，还通过各种途径提高公司和员工的自豪感，有效地推动公司实现复活。

激励人心的话 27 ▶

经常说"明天做""回头做"的人，是不想做的人，"这几天做"则等于"一定不做"。

在企业重组和经营方面，永守最大的特点就是迅速。

很久以前，永守便对笔者说过"并购到集团旗下的公司与日本电产最大的不同就是速度。在经营方面作出判断并加以落实的速度，相差了 3 倍"。

3 倍只是个概数，永守以此表达经营速度之差相当大。

前文也提及过，永守收购三洋精密时，在面向员工的讲话中说："三洋精密实质上已经破产。但是，只要按照我说的做满 1 年，这个公司就会好起来。"

他宣称以 1 年为限进行重组，提高大家的紧迫感。

这里包含着重组业绩不良的企业的秘诀——让员工切身感受到短时间内发生了什么改变，这又将给业绩带来何种改变。

如果改造太缓慢，不仅会使费用增加，更重要的是员工难以觉察到改变，最终影响公司变强变大。

速度的价值最大，这一点无论如何不能忘记。

激励人心的话 28 ▶

人生当为抓住机遇而战。

永守经常与员工谈话，不只日本电产的员工，集团下属企业的员工也一样。他还向大家公开自己电子邮箱的地址。

这样的沟通方式，别的企业一般用来谈紧迫课题和市场应对等比较现实的问题，不景气的企业则用来谈如何实现重生，员工应该采取怎样的行动等等。

永守谈的却不只这些，他希望员工了解他对活法的思考。

先跑个题，最近日本电产开设了面向大学生的研讨会，主题是作为一名社会人该怎么做。研讨会的目的在于让即将就业的大学生听听永守的活法和思考，为他们提供一定的参考。

永守已经有十多年没有在这样的场合向学生讲述这些了。当永守问大家"为什么来参加研讨会"时，不少年轻人回答说："因为我父母说这个人的话值得去听听。"

大概有不少父母是考虑到日本电产是大企业，名声很响，所以劝孩子来听的吧。一般人听到这样的回答可能会有些失落，但永守还是真诚地说出了自己想说的。他劝大家："为远大的理想努力吧！功夫不负有心人。"

永守为什么对现在的大学生说这些呢？他是想告诉他们："人生当为抓住机遇而战。好不容易走向社会、迈入人生新阶段了，那就勇敢地去挑战吧。"

像永守那样创业也可以，但这并不是唯一的选择。如果想去公司工作，最好争取进入较快出人头地的公司，而不是讲究论资排辈、到一定年纪才能晋升的公司。

永守说，在只要努力就有机会不断上升的公司里，"才有机会充分发挥自己的才能"。

"努力"有助于养成察觉机遇的敏锐嗅觉。足够努力了，足够专注了，就能在机遇到来之时，准确辨别出来，并涌起不顾一切努力奋斗的力量。

永守还只是一名普通员工时，为了积攒创业资金，把所有工资都存了起来，仅靠加班费生活。大学的时候，他上课总坐第一排，不断向老师提问，差点儿把老师问怕了。周围的人可能会觉得他很奇怪，他并不以为意，考虑到总有一天要自己创业，既然不知道机遇何时降临，那就认真对待每一件事情。

永守对重组后的企业的员工和干部也提到过这样的想法。企业重组过程中，永守不仅重视业绩的恢复，还重视引导员工和干部积极进取。

对学生讲的那些内容，永守也常利用各种场合灌输给集团员工。

激励人心的话 29 ▶

工作时多问"这样就好了吗"。说话要负责任。

　　这两条是日本电产"员工心得 7 条"的一部分。这 7 条如下：

1. 工作时多问"这样就好了吗"；
2. 考虑自己的事时要顾及他人；
3. 说话要负责任；
4. 以身作则，以行动示范；
5. 做一个能同甘共苦的员工、同志；
6. 做一个好事坏事都积极汇报的员工；
7. 做一个有成本意识、损益意识的员工。

　　浅显易懂的话语清楚地表达了永守的思想。常抱改革之心，多问自己"这样就好了吗"；"说话要负责任"是警戒不负责任的信口开河；"考虑自己的事时要顾及他人"则意味着充分重视团队合作。

　　永守式经营的特点之一便是大量制作标语口号，深入影响集团上上下下。尤其对于收购来加以重组的企业，考虑到他们不会轻易对日本电产产生亲切感，永守便设计自己的卡通形象，加上大大的标语，做成海报，张贴在公司各处。这种做法的好处在于无须深奥的话，便能把永守主义灌输到员工的意识之中。我们来看看几句海报上的话：

　　　　第一名之外都是末尾？！
　　　　彻底减少库存。

竭力追求市场占有率第一。

你不做谁做？

永守为了让大家理解其想法而做了各种努力，其细致程度实着让人惊叹。大众的关注点往往在永守的严厉上——如体育训练般严厉，其实他在重组企业、增加企业竞争力方面的努力真的非常全面深入，简直无懈可击。

激励人心的话 30 ▶

业绩变好之际即最危险之时。

重组企业、重振业绩不好的部门，其难处在于即使暂时扭转了局面，如果没有打造出实质性的竞争力，情况也很可能再次恶化。

即使企业不景气的状况得到改善，如果只是暂时的，也算不上真正的复活。实现暂时的复活，只需把原有的不良因素去除，但这只是治标，并未治本，并不等于真正具备了应有的实力。

日本电产集团旗下有一家叫日本电产科宝的企业。它是照相机快门及照相机零部件的制造商，由于各方面成本过高，连续出现赤字，最后于 1998 年被日本电产收购。收购后，他们通过彻底杜绝浪费，提高生产效率，实现重生。短短 1 年时间就实现了利润最大化，此后几年内都是集团中的优良企业。

但是，从 2012 年开始该公司业绩急速恶化。究其原因，主要在于智能手机的普及，导致使用该公司产品的数码相机市场迅速萎缩。一度重生的企业，由于市场的急剧变化而岌岌可危。虽然该公司在生产小型高精度快门的技术上颇有优势，但过度依赖单个项目必然引发问题。

永守认为导致企业业绩恶化的原因往往有"固步自封""奢侈""怠慢""妥协""放弃""粗心大意"等等。即使体验过濒临破产之痛苦的企业，也难免再次陷入同样的困境，需要特别注意。不过，这样的痛苦经历毕竟是刻骨铭心的，能提醒大家保持警惕。

后来该公司充分利用快门生产技术上的优势，将业务大规模转向蓬勃发展的车载零件领域，开发了丰富的新产品，例如用于进气格栅主动关闭系统的电机等等。

这里最重要的一点是对环境的变化保持警惕。企业重生后也不能麻痹大意，不能奢侈浪费，"回忆苦难，保持警惕，注意将来可能发生的事情"（永守语）。企业经营者不能仅仅强调

"提高业绩""保持盈余"。如果不关注企业实际，一味下死命令，有可能引发落实过程中的不正当操作。

永守几乎每天从早到晚都与本集团下属世界各地的企业的干部保持邮件联系。他至今仍关注市场变化和顾客动向，把握时代变化的前沿，让自己保持随时都能做决断的状态。绝不因自己是集团总裁而把细微的变化交由一线去把握。

另外，永守经常安排监督团队，以 3Q（好员工、好公司、好产品）和 6S（整理、整顿、清扫、清洁、做法、教养）考察集团在世界各地的企业。

据说，这些团队只要看到得分情况，就可以判断集团旗下工厂和公司的工作方法是否正确。此外，他们还经常查看各公司从采购原材料到卖出商品的时间（现金化速度）。

永守式经营通过看外部环境、看内部情况，了解公司适应变化的能力，绝不仅仅强调"提高业绩"。要重组企业、维持并增强竞争力，就必须长期下功夫。永守总是以实际行动来落实。

第三章

教育与成长

在公司所做的一切工作都有助于成长

激励人心的话 31 ▶

　　要做从未做过的买卖，就必须恶补，这点非常重要。

　　永守曾像泄露老底一样跟笔者说这句话。

　　他说的是"M 计划"背后的考虑。"M 计划"规定，采购时由管理人员和普通员工共 5 人轮番跟材料和物品的供应商交涉，力争压低价格。这些人并非专职采购人员，而是设计、销售和行政等部门的员工。一般而言，这些人即使知道采购物品的价格，也未必了解其材料和市场是如何变化的，行情如何，影响价格的技术开发动向又如何。甚至有不少员工从未参与过这类价格谈判。

　　一般人可能会认为让这样的员工去谈价格没有什么意义，但永守却看到其积极意义。虽然从结果看砍价活动是否由采购专员完成并没什么不同，但如果由其他部门的员工负责，他们就不得不扎实地做好功课，这需要下一番功夫。从这个意义上讲，这个任务也是一种员工培训。任务本身包含了培训的因素。

　　"我们公司有些产品，如果拿去卖，不赚反赔。如果其原因在于原材料价格过高，生产部门的员工可以从生产的角度、设计部门可以从设计的角度思考'还可以从哪些方面改善'。这促使他们恶补基础知识，对员工而言能学到很多，对谈判而言则可以带来新的角度，是大有益处的。"

　　当然，这样操作绝非易事。实际操作的情况如何呢？让我们结合下面这句话一起看。

激励人心的话 32 ▶

　　不景气的公司，最大问题就是成本问题。因此必须告诉大家"成本结构应该是怎样的"。

永守说："要大幅度降低采购价格，单凭一般的估价是无法实现的，需要努力找寻行之有效之策，例如：寻找全新的供应商，改变设计或生产方法。"这有助于员工成长。

日本电产三协完成重组后大约过了 10 年，有一次我采访该公司的年轻技术员。我原以为危机已经过去那么久了，公司可能松懈下来了，实际情况却出乎我的意料。

这个年轻人是软件技术员，受命负责工厂锅炉更新的谈判。据说他细致地了解过锅炉成本的构成、锅炉价格对产品成本的影响，所以谈判中掌握了主动权。

据永守说，他本人"长期在制造业的一线参与成本削减，作为经营者见过许多公司，从跟他们打交道的经验知道了'真正的成本'"，因此，谈判时无论对方如何宣称"几乎没什么利润了"，他都有足够的把握说："我知道真正的成本，我们还是实实在在地谈吧。"

笔者 20 多年前就听他说过这样的话。

日本电产与别的公司谈判时，也是由永守亲自对本公司的成本结构做全面彻底的分析，并与其他公司作对比，判断价格到底可以降到什么程度。

这样操作的过程中，日本电产自身的规模不断扩大，竞争力也不断增强，永守的绝对成本便越发接近极致了。

永守强大的"成本指导能力"，教会员工真正把握成本的情况。

前面提到的年轻技术员也这么说过。

他的本职工作是软件开发，当他将一部分软件开发外包时，能就开发期限的设定问题与承包商展开激烈的讨论。"（因为参加了 M 计划）养成了外包时预先针对软件的特定部分，逐一分析开发所需时间的习惯。"交涉时，他可以具体地指出"开发到这一步应该只要 1 周的时间，报价单中写的时间是怎么回事"？

所谓培训员工，大概就是"教他，让他做，让他思考"。

激励人心的话 33 ▶

竭尽全力了吗？

永守深入指导员工掌握绝对成本时，使用的工具是禀议书。

大家可能会奇怪一份禀议书为何能起到这么重大的作用。其实这里面包含了非常细致的工作。

例如，采购材料和物品时，永守不仅教员工看绝对成本，还会在所有禀议书上写评论。其中，最能激励员工的一句是"竭尽全力了吗"。

这简短的一句话，便能使员工脑中浮现永守的面容，决心"再努力一把"。

收购不景气的企业加以重组时，凡是价格在 1 日元以上的采购，永守都会亲自看过禀议书，并写上评论。

值得一提的是，永守说："制定包括成本在内的各种目标时，必须定有相当难度但又确实可以实现的数量。"

这话听上去容易让人以为永守觉得适度为好，其实并非这样。

永守想强调的是："先给员工定一个很高的目标，再乐观地觉得'能达到 70% 就不错'，这种做法是不可取的。"

激励人心的话 34 ▶

正如污水中养不出好鱼，脏乱的工厂里，绝对生产不出好产品。

永守非常重视卫生，简直像有洁癖。办公室自不必说，他还特别注意检查工厂，要求一尘不染。

有一次，永守前往一家刚收购的企业查看工厂，一句"鞋子没问题吧"震惊了所有在场干部，他们后来还经常提起此事。永守的严格由此可见一斑。

日本电产曾经要求干部打扫办公室的厕所一年，现在也依然非常注重厕所的干净整洁。

永守曾在其著作《奇迹般的人才培育法》（PHP 研究所）中说过："经常亲手清洗马桶污垢的人，无须任何提醒，也会自觉注意不把厕所弄脏。养成了这样的习惯，就不会再邋邋遢遢地把工厂和办公室弄脏弄乱了。"

清洁的前提条件是整理、整顿，这是工厂管理的基本，但现实中鲜有人丝毫不排斥这种体力活儿。

永守带着对员工的期待，不断强调打扫的重要性。

录用是人才培养的起点

激励人心的话 35 ▶

> 发现人才，培养人才，不能单看成绩，必须有评价
> 无形的素质的标准。

日本电产创办（1973 年）后不久（1978 年）的一场应届大学生招聘面试中，永守进行了"快速吃饭测试"。他给应聘者准备了午餐盒饭，以快速吃完为合格。

这可不是开玩笑，而是真事。

翌年日本电产又举行了打扫厕所测试，录用打扫得干净的大学生。此外，他们还采取过大声测试（录用讲话音量大的

人）、到达测试（录用先到达考试现场的人）……就这样，他们每年都采用独特的方式筛选人才。

用永守的话说就是："吃得快、拉得快，什么事情都做得快的人，工作也快。能发挥组织领导能力带领大家的人，因其有自信，说话自然也大声。至于比较早到达考试现场，则带有'先发制人'的意味。"

录用这些人，寄寓了永守的深意，其中一点便是"发现这些人领先于别人之处"。

刚创业不久的公司，一般没有一流大学的毕业生前来应聘。如果面试和一般企业一样开展专业和常识的测试，并录用得分高的人，那么一定赢不过大企业。

还有一点就是"变步为金"。

永守在向员工阐述自己观点的《挑战之道》一书中这样写道："如果用日式象棋来比喻，我们公司就相当于其中的'步'，聚集到我们公司的人才也相当于'步'。如果拒绝他们，就没人来了，公司也无法发展。作为企业经营者，我的工作就是下功夫把'步'培养成'金'。"

在各个不同时期，永守总能立足于公司的体量及其能力范围，面向未来，采取独特的手法，录用并耐心地培养人才。

长期以来，日本电产的招聘考试都不太重视成绩，但也并非彻底无视。

员工进公司时提交的大学成绩，永守 5 年后才看。据说，到那时，那些因音量大、吃饭快而被录用的人，在公司里取得的成绩也相当不错了。

激励人心的话 36 ▶

> 经历过挫折的人潜力更大。

对于非应届毕业生的录用，永守也有其独特的做法。

据说，永守在录用转职而来的人时，会看其原来所在公司的风气。永守认为来自温水煮青蛙式的公司的人，对待工作容易有多一事不如少一事的态度。当然，他也不会因此就不录用来自这类公司的人。

据说，他比较看重那些来自破产企业、因企业不景气而被裁员的人。因为永守认为这些人"受过挫折，吃过苦，所以能充分运用自己的经验教训"。

2014 年秋永守录用了原夏普社长片山干雄，后者后来成了日本电产的副董事长兼首席技术官。据说永守当时是力排众议录用他的。

"虽然他曾因往液晶工厂投入巨额资金而使夏普陷入经

营危机，但作为经营者，他通过这个挫折获得了宝贵的经验教训。"

当然，如果不能提高业绩也不行。永守强调的是根本没必要拘泥于"表面"而不录用有潜力的人。

只要付出就会有收获的喜悦

激励人心的话 37 ▶

留在公司工作把损失弥补上！

那是 1980 年，正当日本电产战胜各种曲折，业绩逐渐增长的时候，不巧其客户之一的按摩机工厂破产，大约7 000 万日元的支票无法兑现。

虽然日本电产 1979 年度的销售额已达 16 亿 1 400 万日元，但这笔无法兑现的金额占了经常性净利润（1 亿 1 600 万日元）的 40% 左右，这使全公司的资金周转顿时陷入困境。

永守为资金奔走，日本电产岌岌可危。

当时负责这项业务的是一个年轻员工，是公司首次招聘的应届毕业生之一。

当事人准备引咎辞职了，永守却严肃地问："你学到了吗？"

永守的意思是，身为销售人员应该通过这件事，认识到债权管理的重要性，掌握开拓客户的方法等等。永守还对他说："留在公司工作把损失弥补上！"

永守培养人才的原则是在实践操作中培养。也许可以叫OJT（在职训练），即将员工扔到职场中，让他们自己思考、自己解决问题。

当然，这并不意味着放任不管。永守很关心他们，经常跟他们谈话，让他们自己努力。他彻底贯彻"不放弃，不逃避，不忽悠"的教育方针。

顺便说一下，以这件事为契机，永守开始狠抓债权管理，他冒着销售额缩减的风险拒绝了几十家原有客户，集中以大企业为主要客户。所谓人生没有白走的路，永守自身也在实践中不断成长。

激励人心的话 38 ▶

遇到不喜欢的事，谁都容易拖延。这种小小的拖延，

| 会导致后来的巨大差距。

永守在《挑战之道》中就"不放弃，不逃避，不忽悠"作过这样的说明："员工刚入公司的一段时间里，一般没有特别难的工作。但随着工作难度增大，就容易在不知不觉中产生'逃避'的念头。如果条件允许，不想听不爱听的话，不想做不喜欢的事，不想汇报不好的消息。于是，本该今天做的事情拖到了明天，又拖到了后天。这种小小的拖延，会导致后来的巨大差距。"

永守在日常工作中就是做事情不拖延的急性子，从把"立刻就干"列为日本电产三大精神之一也可见一斑。对于"不放弃"，他也有非同一般的执着。他在培养员工时特别重视这些。

我曾多次听永守谈论龟兔赛跑的故事。他说，故事中，兔子在赛跑途中睡着了，乌龟则毫不松懈，一刻不停地往前走，后来竟超过兔子，取得了胜利。但是，现实中往往是兔子睡觉时乌龟也睡觉，因此，"三流企业和一流企业之间的差距难以消除"。也就是说需要把现实中的乌龟培养成故事中那种坚持不懈、不放弃的乌龟。而反复向员工强调这一点的重要性，也正是企业经营者的工作之一。

永守惊人的耐性大概就源于这样的想法。

激励人心的话 39 ▶

> 特立独行会毁了组织。成长的每个阶段，都需要根据实际情况，不断改善企业的素质。否则就成不了中坚企业。

从"变步为金""坚韧最重要"等话中，我们可以看到永守非常注重把每个员工培养成强者。但个性太强的强者，往往不容易融入组织。对于特立独行，永守持彻底的否定态度。

迅速成长的公司，有时容易出现特立独行的倾向。对此，永守认为："公司规模较小的时候，可能没什么问题，但随着公司不断壮大，特立独行难免导致组织和工作混乱。"因此，要让公司不断进化，让员工遵守规则和标准，在共同的思路下努力朝同一个方向前进。

这既是在说公司的蜕变，也是在说员工的成长。

永守的目标是凭借组织的力量取胜。

企业创办初期不可避免地存在组织和人才方面的不足，后面一定要适时整改。这是把公司做大做强所必需的长期性员工教育。

永守说："社会上不断有新公司诞生，遗憾的是有许多公司，别说成为大企业，还没成长为中坚企业，便销声匿迹了。这是因为他们没有根据企业成长的阶段（通过员工教育）不断提高企业的素质。"

激励人心的话 40 ▶

比起一个天才，一个能努力协调 100 人的庸才更能撑起公司。

这句话看似与"特立独行会毁了公司"相近，值得注意的是，这里强调的是挖掘普通人的潜质，让大家齐心协力。这是永守式员工培育的一大特色。

这种员工培育绝不是漫然地灌输知识，而是深入培养员工争创利润的意识、坚持到底的精神和尽职尽责的责任感，引导大家团结奋斗。永守认为这样更有利于真正实现组织的强大，效果远胜于依靠个别杰出员工的想法和行动力。

为此，公司必须引导员工在工作中积极思考、主动努力。

永守自身也经常与员工、干部一起吃饭，通过禀议书交流。同时，他绝不会过度放任员工，他很关注交待过的事情有没有得到落实。

说起来，永守帮助员工成长所采取的做法是非常普通的，重要的是其出发点——让员工认识到"普通人才是公司的支柱"。他明确地把自己的希望告诉大家——希望大家成为善于协调的勤勉的普通人。

这无疑也是员工培育中非常重要的一点。

激励人心的话 41 ▶

要多批评多教育干部。

永守说："员工教育的根本就是始于批评，终于批评。"

他并不会突然批评年轻员工。关于批评年轻员工，前段时间他刚说过："要先用 1 年左右的时间观察了解对方的想法和反应，找到合适的批评方法。"

但他对待干部就不一样了。

"身为干部，不懂如何批评员工是不行的"，必须有技巧，这就需要多锻炼。

永守在《挑战之道》中指出"现在越来越多的年轻人，连稍微大声点儿的批评都受不了"。他还指出了一个更大的问题，那就是"不善于批评部下的干部也增多了"。

他说："上司愿意批评你，说明上司是关心你的。正因为有所期待，所以才批评。正因为批评可以激发干劲，所以才批评。"也就是说，正因为对方认为你是优秀的，值得信赖的，所以才批评。

他认为最重要的是，要让"批评源于期待"这一点成为全公司的共识。

现在公司成长为大企业了，永守也不再像以前那般严厉了，但他对干部的要求依然严格。

激励人心的话 42 ▶

> 如何应对古怪的创业者？

永守是怎样严格训练干部的？"古怪的"永守曾通过邮件把自己斥责某个干部时的想法告诉别的干部。该邮件流露出来的严厉不禁令人心里一惊。为方便大家了解永守的想法，在此引用邮件原文。

平时我会在会议上或邮件中责骂干部。以下是某次会议上，我对某干部说的话，包含着应对古怪的创业者的诀窍，但愿对你们有所启发。（略）

像你这样从大企业来到日本电产的人很多，其中有不少人在我严厉批评和责骂后，马上便说"那就让我引咎辞职吧""既然您这么说，那就让我走吧"等等，然后他们或调离我身边，或辞职去往我们的竞争对手处。

说一句"我对此事负责"就辞职，或主动说"抛弃我吧"，这算真正负责吗？我根本无法理解。

要说这是职业经理人的公司与创业者的公司（创业者往往都比较古怪）的一大区别，也未尝不可。你们觉得呢？（略）

首先我希望你们明白，任何一个创业者都视自己创办的公司为自身的一部分，会拼命守护自己的公司。所以，请允许我说句任性的话：那些动不动就找借口、容易动摇、爱发牢骚、逃避困难乃至辞职的人，是不值得信赖的。

日本电产创立40年来，包括无论我怎么责骂都不还口的小部副董事长（兼首席运营官）在内，有许多始于创立初期的干部以及后来进公司的尽职尽责的干部。没有他们的支持，就没有日本电产的今天……可以说，多亏了他们能忍受斥责，才有如今的日本电产。

对于后来进公司的干部，我也是在观察了他们有多么能忍受我的斥责之后，才相信"这样的人不会临阵逃脱，值得信赖"，并加以重用。可以说，因为他们通过了压力测试，所以我判断可以建立信赖关系。

如果要问为什么，那是因为我没有信心在如此严峻的经济环境和经营环境下，能和一挨批评就想辞职的人一起经营企业。能力强确实也很重要，但如果不能理解创业者兼怪人兼自诩异端分子的我，就无法和我齐心协力。需要说客套话需要夸奖才肯做事的人，在严峻的经营领域里是有局限的。（略）

我希望今后继续与和我一样拥有把日本电产发展成国际大企业的野心和梦想的人一起努力。想逃的人早点儿逃更好。我相信世上一定有人对我的野心和梦想抱有同感，想和我一起努力。我今后仍将找寻这样的人，并培养他。

永守之所以写这封邮件，大概是由于某个来自大企业的干部因故被永守斥责后，还口说"那就让我负责吧""我辞职"之类的话。从"像你这样……"来看，这是写给当事人的邮件，但永守把这封邮件转发给了其他干部。

这封邮件难免有要求干部忍受批评责骂之嫌,永守自己也称是"任性的说法"。笔者认为值得一提的是其中反映出来的永守式经营的一个根基,如果用一个词形容,那就是"信念"。

彻底削减成本所展示出来的"专注力";视赤字为罪恶、排除万难争取利润的"顽强的意志";一定要在竞争中取胜的"坚定的决心"……这一切都是永守的信念的体现,他对干部的教育也是由此出发的。

激励人心的话 43 ▶

刚开始是三分表扬一分批评,慢慢地将比例反转过来。

永守是如何对待年轻员工的呢?

创业初期可能与现在不太一样,最近,永守对笔者说:"一顿批评之后,要有一个拥抱。"

就是说光批评是不行的,还得配以表扬,要注意避免让他们失去干劲。

永守这句话前面还有内容——"对待年轻人,不能光有表扬，批评也一定要有。"

刚开始是三分表扬一分批评，然后变成三分表扬两分批评，接着再变成三分表扬三分批评。如此，表扬与批评的比例慢慢反转。

这背后非常重要的一点是，公司内关于"批评是因为有所期待"的共识。

挨的批评越多，越有助于成长。

话虽如此，实际做起来却很难。

若要问为什么永守能做到，首先，他白手起家把日本电产发展成了全球最大的马达制造商。其次，永守自身是技术员出身，精通马达，他写的有关马达的书，至今还有很多技术员看。再次，正如"绝对成本"部分提到的，他对生产的研究也非常彻底。

拼命地工作，狂热地学习，再加上关西人自带的幽默感……这些都让人不得不听从永守。

虽然谁也无法复制永守，但我们绝不能忘了，也并不是什么都模仿不了。

培养能自我燃烧的员工

激励人心的话 44 ▶

> 人分三种，第一种是能自主燃烧的人；第二种是别人燃烧就能燃烧的人；第三种是不管用什么材料都燃烧不起来的人。至少必须成为第二种人，否则在组织中是行不通的。

从这里我们可以看到永守式员工培养的原则——培养"能自我激励积极进取的员工"。正如他说自己很重视被批评后不服输的精神，他也很重视热情和能量。

除了斥责，他还有别的办法激励员工，例如降职。

降职在日本电产并不罕见，当然，如今社会上也有不少这样的企业，日本电产是较早开始采取这种做法的企业之一。降职是为了做到奖惩分明，也是为了充分激发年轻员工的能力。

据永守说，被降职的人中不乏"复职的情况"。关键在于员工要能抗挫折。

永守经常说"有失败，就有解决之策"。当然，并非所有的失败都能带来成功。重要的是不气馁、不放弃，反省失败原因，改进方法，重新挑战。不服输的人，终将取得成功。

永守也说"要提高 EQ（情商）"。大家应该提高自己的综合感受能力，而不仅仅是 IQ（智商）。永守在《挑战之道》中说："EQ 高的人，通常比较乐观，能比较客观地看待事物，鼓励自己，善于驾驭自己的不安和愤怒情绪。"永守渴求热爱工作的员工，对他们的期待很高，希望他们鼓励自己，控制不安的情绪，积极挑战。

激励人心的话 45 ▶

建设员工想跟本公司的人结婚的公司。

日本电产的员工培养不仅有自上而下的，也有横向的、自下而上的。

永守虽然在工作方面的要求很严格，但他经常告诉员工"大家相互信任、无话不谈很重要"。

以前公司规模还比较小的时候，永守没少亲自向男员工的结婚对象介绍公司情况。他还善于倾听年轻员工讲述自己的私生活，听他们讲述自豪的事情，他也会讲述自己家中的事情。这种氛围形成于公司规模还小的时候，如今也并不罕见。

现在一般的公司都不提倡公司内部结婚。永守则依然认为"员工想和本公司的人结婚的公司是好组织"。他似乎追求过去推崇的社会风情。

究其原因，这与永守重视"和谐"密切相关。

如果一个公司里大家相互都很熟悉，甚至连怎么说话会引起怎样的反应，都能预料到，那么不仅是上级对下级，同级之间或下级对上级也可能提出各种各样的意见和建议。

当某个员工被上司斥责，如果周围的人不是沉默不语，而是轻松地说出自己的看法，将有助于员工理解上司的苦心。这对个人教育很有帮助。

如果彼此不了解对方的心思，相互隐瞒，则很容易出现不满被内化的情况，那就难以实现真正的和谐。从这个意义上说，永守是想营造和谐的教育环境。

激励人心的话 46 ▶

对员工的评价取决于想法、热情和能力。

永守把其对员工的评价列成如下公式：

$Y=A+B+C$

Y——日本电产员工的评价；

A——员工对日本电产的理念的理解度；

B——对工作的热情；

C——能力。

员工的工作热情和工作能力的重要性，前文已经提及。日本电产还非常重视员工对公司理念和永守主义的理解。对员工而言，反复阅读《挑战之道》中所写的日本电产的理念和永守主义并深入理解其意，是很重要的。

这是日本电产员工教育的根本，关于晋升、报酬、奖赏等的考察也是以此为根据的。例如，晋升和奖赏是由实际功绩和进步情况、理解并落实日本电产的理念的能力、全公司和部门的业绩、个人的贡献及能力来决定的，并非只要提高业绩就行。

激励人心的话 47 ▸

> 任何事业都需要基础，在坚若磐石的基础之上才能成功。

永守经常会提到"打基础"，而人才是最重要的基础，所以永守现在仍然密切关注一线员工。他的做法之一就是和一线员工开午餐会，与大家交谈。

前文也已提到过，他把自己的邮箱地址向日本电产总部及国内外子公司的员工公开，接收大家的"直邮"。

据永守说，"收到很多反映一线的问题及改善建议的邮件"，也有直诉"个人价值得不到上司认可"的邮件。

光说企业经营者直接接收普通员工邮件这一点，笔者就从未听说过类似的例子。而且，一般即使接收了，也会交给人事部门处理。

永守则会避开该部门的相关人员了解该员工的口碑，再作回复，诸如："不仅是你的上司，你周围的人对你的评价似乎也不高。重新审视自己，多加努力，好吗？"

当然，相反的情况也有。

永守通过单独解决问题培育员工，这种态度着实令人惊叹。他同时也是努力通过这些事情了解一线存在的人事方面的问题。

为了培养人才，永守真是不辞辛苦。

激励人心的话 48 ▶

7 种"我想辞去的员工"。

永守曾列出 7 种他想辞去的员工：

不会想办法的员工；

凡事要等别人说的员工；

动不动就依赖他人的员工；

习惯把责任转嫁他人的员工；

毫无干劲的员工；

喜欢怨天尤人的员工；

经常缺勤迟到的员工。

从笔者 20 多年的采访来看，永守的"想辞去的员工"清单是出于教育员工的考虑。

永守并非真的要辞退这些员工，他之所以列出这些类型，是想提醒有这些倾向的员工奋起。

如果不聪明，那就想办法弥补；如果"凡事要等别人说"，那就努力在"别人说"之前就注意到。

并不是不能"依赖他人"，而是不能"一味地依赖他人，自己什么都不做"。即使自己能力低，只要能尽量出力，和他人一起努力，在计划、方案中承担起力所能及的部分，情况就会改变。

第四章

上司和部下

不喜欢工作，人就不会主动

激励人心的话 49 ▶

　　上司必须关心部下的需求。

　　永守曾说过这样一句话："越是要求部下好好汇报情况的人，往往越不向自己的上司汇报。大家必须认识到，自己做不到的事情、不愿做的事情，强行要求部下做是不对的。"

　　笔者觉得这话有对的地方，也有不对之处。当笔者问这句话的意思时，永守回答的是："所谓上司……"

　　"管理人员之中，不少人认为部下向自己汇报是理所当然的。所以如果没收到部下的汇报，就以为什么事儿也没有。这种人往往自己也不认真向上司汇报。"

在此，永守注意的是"如果上司不问"。永守认为，上司的工作中重要的一点就是"让本部门尽早汇报坏消息"。

出现问题时能否迅速地应对，有时候甚至关系到企业的生死存亡。因此必须注意保证现场出现的异变能迅速反映到上面。如果部下不主动汇报坏消息，上司就应该主动询问。

永守可谓"邮件魔"。他还让普通员工给自己写邮件，并抽时间一一回答。因为他会回复，所以又会收到更多的邮件。

永守就是这样，现在也仍在努力发现一线的问题。

激励人心的话 50 ▶

有两成的部下支持自己就行。

担任课长，第一次开始有了部下后，应该考虑什么呢？永守认为：

① 不能重蹈自己原来的上司做得不好的地方；

② 部下犯错时不要过度苛责；

③ 部下在工作中取得成绩时要和他共享喜悦。

第一条是要求把上司的错误视为反面教材，避免当上司的人都容易犯的错。重要的是择其善者而从之，择其不善者而改之。

第二条是注意过度苛责部下引起的问题。这是担心如果上司过度苛责部下的过错，部下会认为"又不是我一个人的错"，慢慢地把责任转嫁到公司、上司和同事身上，这又将引发别的问题。

第三条很好理解，就是通过和部下共享喜悦增强共鸣。

与此同时，永守还特别提防"成为太温和的上司"。该说的就要说清楚，如果不能对部下起到严格的指导作用，上司就没有意义。

出于这些考虑，永守认为"成为管理人员后，能完全支持自己想法的部下，只需要两成就行。所有人都反对的话，就无法展开工作"。此外就是要"取得成果。这样，剩余的八成也迟早会追随自己"。

乍一看，第三条与两成的法则相矛盾，实则不然。

第三条是原则。过程中有两成部下无论有什么事儿都坚定地支持自己，必要的时候，宁可冒着被讨厌的危险，也要果断行事。

激励人心的话 51 ▶

> 当一个领导感到无法如愿地指挥部下时，应该重新审视自己无意中的言行，有时甚至可以试试反其道而行之。

从这句话可以看出永守善于利用"反面教材反思自己"。

永守表面看上去行事相当强硬，事实上却不尽然。他既大胆，又出奇地谨慎，不管身处顺境还是逆境，都不忘反省自身。积极进攻之时，他也会在心中自省"这样真的行吗"。在促进反省上，"反面教材"具有重要意义。

这同时也是"有没有努力挖掘下属潜力"的问题。

人担任管理之职后，总是容易看到部下的不足之处，诸如"谁谁谁缺乏协调性""谁谁谁容易气馁"之类的。这大概是管理人员的通病。

对此，永守的主张是："管理人员应该面带微笑。"

如果管理人员面带微笑，对方也会善意相待，这样便容易形成伙伴意识，便于了解下属的心声。而且，面带微笑地告诉下属该如何做，更能促使下属行动起来。

前一章已经提到永守关于员工教育的主张之一是"严厉批评"。有助于避免严厉批评破坏和谐的正是笑容。永守自身具有独特的幽默感，虽然生起气来会把部下吓一跳，但最终不会招致部下厌恶的原因之一便在于此。

身为领导，一味地抱怨这家伙不行，那家伙根本用不了，也无济于事，反而是自己未能努力挖掘下属潜力的表现。

激励人心的话 52 ▶

　　教育新员工，应该先说明企业的经营方针和理念，再通过相应的机制，让员工去体悟、去行动。

这既与员工教育有关，也与员工管理有关，指出了管理人员应该如何教育管理年轻员工尤其是新员工。

年轻员工，特别是刚入公司的时候，除了掌握必要的技能，还需要深刻理解企业的经营方针和理念。

年轻员工迫切需要掌握工作相关的知识和见解，这点自不待言，但单靠这些无法造就企业的优势。"知识见解只有和企业的经营方针和理念融为一体，才能发挥强大的力量。"

那么，管理人员应该怎么做呢？

首先应该好好讲解，帮助员工理解。要让他们理解企业的经营方针和理念，需要管理人员详细讲解为什么要这么做，公司为什么如此重视这样的行动。

例如，日本电产有"以压倒性优势取胜的三条件"的说法，即"最早进入市场""以技术优势取胜""低成本"，要求员工始终保持迅速行动以技术和成本取胜的意识。

永守说"如今的时代，新员工教育应该先从帮助他们理解开始，而不是强硬地灌输"。对管理人员而言，这看起来容易，做起来难。现实中管理人员也并不总是温柔地说教，大吼大叫往往会增加员工理解的难度。

新员工教育的关键在于让管理人员真正理解企业的理念和行动方针。理念和行动方针关系到战略、战术，管理人员必须尽早让年轻员工理解其重要性。

永守说，以前很多部下都是一听到"干起来吧"就不管不顾地开始做，他们是边行动边理解公司的意思的，有时候难免出现与永守所想不一致的情况，甚至还因此引发问题。不过，在当时的时代背景下，即使那样问题也不大。

现在则不同于以往了，市场急剧变化，竞争越来越激烈了，慢慢试错是非常低效的。管理人员必须努力让员工更好地理解企业的方针和理念。

管理人员必不可少的能力之一就是忍耐。

激励人心的话 53 ▶

　　要在下属中有人望必须满足 5 个条件：不放弃、不说人坏话、不忽悠人、不用大道理逼人、不休息。

　　据说，这是永守在善于带动下属的管理人员身上发现的共同点。

　　摆在最前面的"不放弃"非常符合永守本人的风格。决定做的事情就坚持到底，如果上司抱着这样的态度，下属便会追随他。当然，如果上司只是口号喊得响，自己却在中途放弃，将很快被部下发现。这将使员工无法安心，不再坚定地追随他。

　　第二点"不说人坏话"是指"不在背后说下属的坏话"。即使遇到下属说同事的坏话，也不能姑息纵容，管理人员主动说下属的坏话就更不应该了。组织内部的合作、协调是一个组织得以强大的基础。

　　第三点"不忽悠"是指如果忽悠下属，很快就会被识破。

很多时候下属看似没注意，其实看得很清楚。

第四点关于讲道理，强调"不逼人"。并不是不赞同讲道理，而是劝告管理人员，如果下属已经意识到错误及原因，那么最好别再一直唠叨了。

第五点的"不休息"，在劳动方式改革时代显得不合时宜了，永守想要强调的是想要得到下属的信赖，领导就要做出相应的努力。没有哪个下属会看不起不辞劳苦率先垂范的上司。

上司自己应该上进

激励人心的话 54 ▶

> 周日晚上愉快地思考第二天的工作，周一早上满怀
> 期待地开始工作。

　　笔者曾多次听永守说这句话。据说，永守自己每周日一想
到第二天就可以上班了，便兴奋不已。

　　大多数人周日晚上一想到"明天开始又要上一周的班"，
便感到郁闷。永守却说他一想到上班便满心欢喜，甚至迫不及
待。他是一本正经地说的，应该是真心的。

　　并不是说管理人员就该像永守这样，而是说如果能这么积

极对待工作，下属自然会紧紧追随。真正的积极能使人在工作中不断进取，各种想法不断涌现，连表情也会明朗起来，办公室氛围轻松愉快，大家的工作效率也高。

类似的话，永守还说过"不使用'不能''做不到'之类的否定话语"。这甚至让人以为他害怕消极的自我暗示的作用。而永守却是郑重其事的、非常认真的，他认为关键是应该专注用心到根本不想"不能""做不到"的程度。

的确，如果领导自身不进取，下属就很难前进；管理人员犹豫不决或原地踏步，整个组织将裹足不前。

永守说："成功与否，取决于能否战胜自己。"管理人员应该率先积极进取，带动部下前进。这种积极的态度很重要。

激励人心的话 55 ▶

　　当领导的不能"放任"下属。

要帮助下属成长，就必须下放权限。

一个人如果总是受命行事，缺少自己的思考，工作上便会按部就班，缺少创造性。这样当然不利于人才的培养。要让组织发挥活力，很有必要放权给下属，"交付给他，让他思考"。

所以，放权本身并没有错。对企业而言，要注意的是有些管理人员放权给下属后就不管不问。他们也许是没把握好放权的尺度，也许是通过放权转移责任。

永守非常注意提防这种情况，他认为"即使权力下放给下属，责任还是应该由管理人员承担"。也就是说，即使管理人员把权力下放了，也必须时刻监督，看看下属有没有以最佳方法朝自己所指的方向前进，遇到犹豫不决的事情有没有立即汇报。一旦出现情况立即拿出对策，也是管理人员的职责。当然，如果工作稍有停滞，上司便马上插手，那就失去了放权的意义。

所以，重要的是把事情交给下属后，不忘监管，并且耐心等到非出手不可的时候再出手。

从这个意义上讲，管理人员很有必要锻炼自己。如果下达的指示过于模糊不清，将导致后面的进度难以把控，而部下也会弄不懂什么时候该汇报。所以发出的指示必须清晰明了，日常也要做好与部下的交流沟通。否则将"很快就收不到坏消息了"（永守语）。

最应该牢记的是"责任在上司"（永守语），结果必须由上司来负责，不能放任不管。有时有些管理人员会说"出于信任而交付给了下属，不料却被下属辜负了"，这在永守看来是"荒谬"的。

激励人心的话 56 ▶

要让员工感到"自己是公司所需要的人"。

　　笔者跟永守聊"怎样才能得到同事的信赖"时，他突然说了这么一句。

　　正当笔者疑惑"需要的人"是什么意思时，永守说："要让他们意识到自己被大家所需要，如果随便请假或逃避困难，将给周围的人添麻烦。"

　　对管理人员而言，让下属感到"自己是公司所需要的人"是很重要的。责任感、干劲、克服困难的力量，这些都源于相信自己为大家所需要。作为管理人员，极其重要的工作之一便是让员工感受到这一点。

　　那么该怎么做呢？

　　具体做法因人而异，无法一语以概之。前文也提到过，永守去国内外的子公司时，一定会与现场的干部和普通员工一起吃午饭或晚饭，边吃边聊。他跟人谈什么呢？他通常会问"你是做什么的""工作有趣吗""你的下属正在忙什么"等等。

对方回答后，他可能会接着说"工作还有改善的空间""多试试""还有很大的提升空间"等等。他相信这样可以激发员工的干劲。

当然，有的员工未必会因社长的一席话而振奋，但是如果他的上司也对他说类似的话，应该能产生一定的效果。

激励人心的话 57 ▶

如果不能把部下培养成课长，你就永远只能是课长。

永守这句话的意思是：要出人头地，最快的捷径便是提高自己所属部门的业绩，使自己的组织强大起来。永守是一个坚定的成长论者，他不断追求日本电产的持续发展，他对管理人员寄予了很大的期待。

说到管理人员，容易让人想到"管理他人"，不过，永守在这里强调的是"中层最应该积极追求成长"。

他这是在说身为上司的人应有的意识。如果企业停止成长，就不再招人，原来的人就没有机会晋升，也没机会做大事、挑战更有趣的工作。

永守还有个一流的说法，如果能成功将组织扩大，出人头地，便可以"自己决定自己的职位"。身处管理之职的人，不是做成一件事便可以松懈的。

激励人心的话 58 ▶

说话要根据对方的地位加以改变。

据说，永守针对同一话题所说的内容，会因员工地位不同而异。内容的范围非常广泛，大致可分成"危机意识"和与之相反的"梦想"两部分，它们的比例是这样的：

对象为企业董事和高管时，危机意识 90%、梦想 10%；

对象为部长、课长级的管理人员时，危机意识 70%、梦想 30%；

对象为主任级的管理人员时，危机意识 50%、梦想 50%，

对象为企业的普通男女员工时，危机意识 30%、梦想 70%。

董事、高管或部长、课长，与自己的下属谈话时，也是一样的道理。这是根据每个人的责任而定的。

对一般员工而言，最重要的是心怀梦想，积极进取。所

以，要多为他们讲梦想方面的内容。主要告诉他们如果彻底落实所属部门及总部的战略、措施，做好产品和服务，就能得到怎样的结果。关键要注意激发他们的积极性和干劲，避免过度强调危机感，导致他们畏缩。

与此相反，对干部和管理人员而言，危机管理是最重要的工作。可以直接讲国内外市场的动态、竞争对手的技术和产品开发动向、竞争环境的变化、顾客的动态等等，帮助他们意识到要用心做好危机管理。

当然，这也会因具体情况而改变。例如，收购不景气的公司时，永守会注意让包括普通员工在内的所有员工都有危机感。这是为了让全体员工团结一心朝该努力的方向下功夫。

可见，担任管理之职后，就需要随时注意根据对象和情况，采取相应的说话方式。

激励人心的话 59 ▶

某企业主即使在业绩非常好的时期，也会在年初面向干部的讲话中说："去年只是碰巧业绩好，今年有这么多不利因素……"干部、管理人员都知道他说的多半不是真的，不过，对干部、管理人员而言，紧张感确实非常重要。

这里的重点是"紧张感"。这个企业主 10 年里一直说同样的话，据说大家都听得很认真。这并非因为对方是企业主，而是因为其言语中满满的危机感。他为公司着想，为员工着想，提醒大家如果因去年的业绩而沾沾自喜，将招致怎样的后果。他的态度感染了大家。

永守说这话是希望干部、管理人员对各种变化保持高度的紧张感。

日本电产的子公司之一，日本电产三协从三菱综合材料收购的日本电产三协 CMI，主要开发生产汽车中使用的开关和继电器等的触头。

公司业绩也算过得去，又因是财阀系，社风沉稳，但归入日本电产集团后，干部的作风有了明显的改变。

其社长野网明表情严肃地说："每两天就核对一次计划进度，及时采取应对之策。当场分析给谈判对象的提案，如果不合格，便当场决定对策并加以落实。削减成本之策也每月讨论。"

收购 4 年后，干部、管理人员对环境变化的敏感度提高了相当多。

激励人心的话 60 ▶

管理人员要培养消化领导指示的能力。

　　被日本电产并购的某企业的某干部曾说过："归入日本电产旗下后，我们公司开始严格落实成本削减的措施。其实，收购之前我们就已经开始削减成本了，但是，不知为何，一条指示从社长经中层传达到全公司的过程中，总是越来越无力，提不起大家的干劲。"

　　实际上，原因之一是该公司原有的事业部制非常彻底，采购零件和材料时，各事业部独立行动，大家关于全公司的成本削减的意识非常淡薄。这是业绩不好的企业里经常可见的部门壁垒。

　　除此之外，还有别的原因。

　　管理人员向下属传达领导指示时，没有在充分理解的基础上发出具体指示。永守视管理人员的这种"无消化能力"问题为大问题。当然，组织越大，官僚作风越严重，问题越大。

　　另外，这种问题很难被注意到。因为管理人员确实向下属传达了领导的指示。但他们未在充分理解的基础上发出具体指示，以至于指示传达到现场就如石沉大海，未能见效。这是个大问题。

　　要治这种"病"很难。必须看清领导的"指示"与改善的"结果"之间的落差，分析到底发生了什么，以求改善管理人员的"消化能力"和"指示能力"。

管理人员的人格魅力创造业绩

激励人心的话 61 ▶

> "能力一流，人格魅力三流"的部长，只能带出不到
> 五流的业绩。

永守经常说："要打动人心最重要的是'心'和'情'。
不明白这一点，就无法顺利调动下属。"这是他给干部和管理
人员的建议。

虽然永守对工作的要求非常严格，但他非常关注员工的心
和情。那么，具体说来，在这方面管理人员该如何做呢？

要点之一是"与部下相处，不能说的是一套，想的又是一

套"。该批评的时候要严厉批评，下属取得成功时要和他们一起尽情庆祝。

永守经常说"不要在背地里说下属的坏话"，他认为身为上司，非常重要的一点就是不要给下属人前一套人后一套的印象。

人前一套人后一套的形象，会使下属留一手。因为他们会认为如果不注意防备，也许哪天就被抛弃了。

永守曾说过"如果上司袖手旁观下属在人前被惹怒，就不是好上司"。可见，他认为心怀帮助下属的"心和情"行事非常重要。

当然，永守并不天真，他知道如果只有"心和情"，没有能力提高业绩，便不能长久得到下属的好感。

一个领导，如果不能取得实质性的成果，终究不能为下属带来回报，最终下属会离他而去。你可以指责下属只顾自己，无奈干部、管理人员的处境就是这么尴尬。

激励人心的话 62 ▶

录用员工的七个条件："能管理好健康""对工作一直抱有热情、激情、执着""任何时候都有成本意识""对工作有很强的责任感""在别人说之前行动""想方设法实现目标""能迅速行动"。

永守曾经列过录用员工的七个条件。

他并非要求每个员工同时具备这七个条件，但这些都是他重视的内容。他认为干部和管理人员尤其应该在这七个方面比普通人做得更好。

"能管理好健康""对工作一直抱有热情、激情、执着""任何时候都有成本意识""对工作有很强的责任感""在别人说之前行动""想方设法实现目标""能迅速行动"，这些虽然是日本电产 30 年前的口号，但从永守的话语中，笔者感觉到现在也没有特别大的变化，他依然有相似的想法。

永守对这几点中的任何一点都是非常重视的，尤其是"在别人说之前行动"，即"收到指示之前积极自主地工作"，这一点笔者经常听他强调。

这一点具体说来就是希望员工能分析形势，积极采取行动，重视员工的分析能力和行动力。

身为管理人员，如果不能深入思考，凡事都要听到经营者和董事的判断之后才行动，就不算真正的管理人员。

永守反感部长级别的人无故请经营者裁决本该由部门判断的事项。

部长当然有部长的责任，也有判断和裁决的职责。

当然，并非所有的事件中社长和部长负责的部分都分得一清二楚，具体执行起来并不容易。重要的是有没有自己积极主动地判断并采取行动的意识。

激励人心的话 63 ▶

因一次失败而畏缩不前的人，是无法进步的。但是，同样的错误犯三次的人，也有问题。

永守经常说："不要轻言辞职！"

总有些干部、管理人员因不适应永守的严格管理或经营方针而辞职。

当事人表示不后悔辞职，永守则表示"从未希望（那个人）辞职"。他认为即使犯了错，吸取教训并将功补过才是负责任的做法。

他说没必要因为一次的失败而畏缩。但是，如果不能从失败中吸取教训，那么失败就没有意义。这一点很犀利。失败后应该查找原因所在，认真分析到底是能力不足还是对市场和顾客等的分析不到位，抑或是其他什么原因；并进一步判断有没有必要重新挑战，制定接下来的计划。这是管理者的职责。

害怕失败却不做分析和判断，重蹈覆辙，这才是永守所不能接受的。

关于失败，永守的这句话也值得管理人员注意："失败有各种各样，能为成功打基础的失败，经历再多次都可以。让付出的努力打水漂那样的失败是应该避免的。"就是说，应该通过失败，看清楚可以通过哪条道路接近目标，要避免让付出的努力随失败打水漂。

永守说："我们在接触失败的过程中，可以找到避免失败、取得成功的诀窍。"下属也会静观管理者是否勇于挑战，并不断提高成功的概率。

激励人心的话 64 ▶

> **轻易盖章的人不少。负责盖章的人，盖章前应该先理解自己要承担怎样的责任和义务。**

永守有时会开玩笑地跟中坚干部说："你难道是某某公司（某著名的印章公司）的伙计？"

他认为不管事大事小，盖章意味着管理人员要承担相应的责任，要注意能否轻易盖章。

据说，当中坚干部从别的公司转职过来时，永守会观察他们是如何盖章的。因为"这很能反映一个人",所以,他很关注他们是否轻易盖章。

前文也已经提到过,收购业绩不好的公司加以重组时,永守会一一看过 1 日元以上的物品采购禀议书。

据说,永守看的是"课题是否解决""有没有认真地分析判断"。如果目标是降低成本,他的角度就是"价格能否再压低""为什么是这个价格"。

简单的一个章,意义重大的一个章。

激励人心的话 65 ▶

1 匹狼率领 49 头羊组成的团队与 1 头羊率领 49 匹狼组成的团队战斗,将会是狼率领的团队胜利。

这是永守坚定不疑的信念。

据说,这句话源于拿破仑,原话说的不是狼,而是狮子。一般来说,人们容易认为"49 匹狼"更厉害。毕竟,就单个个体而言,他们都是吃羊的强者。实际上却是"1 匹狼率领 49 头羊组成的团队"更厉害。

永守想说的是，领导的作用非常重要。如果领导不能担任好领导之职，即使下属个个都是强者，也无法充分发挥他们的力量。反之，强大的领导能把羊的潜力挖掘出来，带领大家取得胜利。

这大概是日本电产尚是中小企业、中坚企业时，永守经过苦思如何制胜而领悟到的吧。

这话说得很对，不过，今非昔比，日本电产发生了巨大变化，企业规模大了，集团扩张到全球，优秀的员工遍布全球，早已不再是羊群。

这样的情况下，狼关于领导下属的课题也相应地变了。现在，狼要考虑的是如何协调自己的坚强和灵巧与绝非羊类的部下的优秀。这反映了日本电产当今的一面，从这里我们可以看出企业的深度。

置身管理之职的领导必须提高注意力，关注部下，经常思考该如何战斗。这虽然有点难，却是万万不可忘记的。

第五章

经营者与志向

梦想是当社长

激励人心的话 66 ▶

将来我也要当社长！

这句话包含着强烈的出人头地的志向，现在鲜有人说了。

永守产生这个念头的时候还只是小学三年级的学生。那是1953 年，当时日本经济虽然开始复苏，但全国上下都还很贫困，富裕只属于极小部分人。人们对富裕的向往之热切，可谓"渴望"。

永守于 1944 年 8 月生于与京都市相邻的乙训郡向日町（今向日市）的一户农家，兄弟姐妹 6 人，他是最小的一个。

他们家仅靠有限的田地种植大米和蔬菜，生活绝对称不上富裕。

小学三年级的某一天，永守去朋友家玩，受了很大的震惊。屋子里竟然有电车在奔驰，那是德国制造的铁道模型。

下午 3 点，保姆给朋友端来点心，这是永守第一次见到奶酪蛋糕。快要离开时，伴随着滋滋滋的声响，厨房飘来浓厚的香味，这也是永守第一次见到牛排。

永守问朋友："你父亲是做什么的？"

朋友回答："公司社长。"

据说，少年永守后来在将来的梦想的作文中写道："我想当社长！"

想当社长并没什么，但永守从那时起，从未忘记这个梦想，并为之不懈努力，这种执着实为惊人。

永守最大的特点就是执着，这一点从日本电产三大精神之一的"立刻就干，一定要干，干到成功"也可见一斑。这是经营者特别是企业家所不可或缺的精神。

激励人心的话 67 ▶

单凭理想并不能让他人追随自己，还要能让人相信，跟着你一定有饭吃。

比起中层，这条关于领导魅力的看法，更适合企业经营者。对管理人员而言"心和情很重要"，而经营者则还需要有带领众人成功的能力。

笔者与永守交谈时，非常强烈地感受到的一点就是，他拥有超强的感知商机或危机的能力。简单说就是"很有眼力"。

永守高中时经营了面向中小学生的补习班。他父亲去世早，家境不宽裕，他就读高中的前提条件是与母亲和兄长约定的"学费靠奖学金和兼职所得"。在半个多世纪前的小地方，高中生经营培训班简直是破天荒。

幸好，由于他初中阶段成绩遥遥领先，在当地广为人知，当地没有培训班能与之匹敌，"只要他做就一定能成"。他甚至开设了面向初中生的中考辅导，一个月400日元。据说，这项培训的学生数长期保持在30人左右，高峰时多达80人，月收入一度超过3万日元。这在当时可是不小的金额，毕竟大学毕业生的月平均工资也才1.3万日元左右（1960年）。

从某种意义上讲，永守的语言表达能力和做事的魄力有一部分也源于此。日本电产副董事长兼首席运营官小部博志和永守是职业训练大学的校友，他读大学的时候，永守已经工作了。两人最初的相识仅仅由于租住的房间相邻，结果此后的半个世纪里他一直追随永守。他曾笑着说："既然他是我的学长，我也不好不配合他。"不难想象，这其中肯定离不开永守特有的机智和行动力对他的吸引力。

这不禁使我思索经营者的魅力到底是什么。

激励人心的话 68 ▶

别回顾过去，专心看清未来。

创业时的永守，其意志之强烈，着实令人惊叹。

永守创办日本电产之前曾先后在 2 家公司上班。

最初是职业训练大学毕业后，于 1967 年进入音响制造企业蒂雅克。永守负责小型马达的研究开发。据说他一开始就抱着将来要创业的打算。

作为一名技术员，永守备受好评，没多久便就任开发室的代理室长，得到器重。1970 年他从蒂雅克辞职。据说，当时蒂雅克的社长还联系了职业训练大学的校长，希望挽留他。

从蒂雅克公司辞职后，永守去了位于京都的精密机械制造商山科精器。他还叫来两个在蒂雅克工作的校友，以及在其他公司工作的小部。

这次工作变动背后的原因是山科精器意欲进军电子领域，专门委托当时还很罕见的猎头为其挖人才。

26 岁的永守成为马达部门的电子开发科科长，进而就任部长。1972 年该事业部独立为亚赛克电子，永守升任本部长。进公司才 2 年，年仅 27 岁，就有 250 个下属了。

对于突然冒出头的永守，公司内部的指责也很强烈。永守又比较直率，想说什么就说什么，难免引发激烈的对立。

尽管如此，永守着眼于未来。他这种敢存远志、敢为人先的精神也是经营者必备的。

激励人心的话 69 ▶

为了能多工作，把酒戒了。

这里说个不太为人知的情况，永守 45 岁时便把酒戒了。此前，他可没少和大群啤酒党牛饮。

永守说："喝酒会减少睡眠时间，导致第二天不能全身心投入工作。喝啤酒还会增加饭量，导致发胖。有碍工作，也有损健康。我可不能做这种傻事。"据说他戒酒戒得非常干脆。

即便自身并非酒徒的人也可能会好奇永守"为什么要戒得那么彻底"，他本人却是非常严肃的。他相信戒酒能保持健康，有利于长期工作，"终身现役"。曾经有段时间他说"我要专心当会长，守护每一任社长"，最近则表露出要终生奋斗在第一线的想法，且意志越来越坚定。"2030 年实现销售额 10 万亿日元"，为了实现远大的目标，首先要保持体力。确实，节制也是经营者必备的素质。

激励人心的话 70 ▶

　　我很好。

　　在向员工宣传日本电产的理念和永守主义的《挑战之道》中，永守讲了这样一件事：

　　　　公司创办后不久，我出差去美国，生病后被送到医院。

　　　　被问"你怎么样"时，全身出荨麻疹的我回答说："我很不好。"

　　　　医师知道我是创业公司的经营者，便建议说："创业公司的经营者说出这样软弱的话，公司会很危险的。你应该回答'我很好'。"

　　这件事情告诉我们，身为创业公司的经营者，如果想要取得商业成功，态度、语言和性格都不能消极，必须时刻保持良好状态。

　　日本人打招呼时容易说"好热啊，真受不了""总觉得不太舒服"等消极的话。而美国的医师让我知道了如果不说"很好""非常好"，如果不保持积极的、进取的心态，就什么事都做不成。

　　这应该是 1973 年创办日本电产后不久的事情。

　　信心满满地创业了，但在重视派别体系和现有业绩的日本，几乎没有人理会永守，走投无路的永守单身前往美国销售。

　　于是有了上述的事情，字里行间洋溢着永守的风格。

　　无论哪个企业主，都发自内心地希望自己能保持积极进取的状态吧。

经营不难

激励人心的话 71 ▶

> **我天生小心谨慎，总是不禁担心将来。**

曾经把美国的英特尔推上半导体霸主地位的安迪·格鲁夫写过《只有偏执狂才能生存》（日文版由日经 BP 社出版）。他说只有偏执狂才会为市场的微小变化而震惊，执着地从中看出"战略转折点"，并得以生存下来。

偏执狂的表面意思是"偏执于妄想"，对事物的理解往往"异于常人"，甚至有些情况下更像是"杞人忧天"。

永守的"小心谨慎"与此类似。正如他说"不禁担心未来"，他大概是指自己总是关注将来可能发生的各种各样的事情，稍感不安便开始准备应对。

永守曾像讲笑话似的讲他小时候的一件事。

"我一到晚上便开始担心第二天要带去学校的课本。于是在纸上写上第二天要带的书，并贴在房间门口。这样做后还是不放心，反复在清单前徘徊，最后只好对照清单摆上东西。"

姑且不论这是否玩笑话，最重要的是他的担心帮助他敏锐地嗅知市场的变化，做好应对风暴的准备，必要时快速改变自己的姿态。

笔者多次在有事情发生时听到永守说："我担心公司可能倒闭，很多次都在半夜里醒来。"结果日本电产还是不断发展壮大了。真可谓"深度焦虑的经营者才能存活"。

激励人心的话 72 ▶

我以前的兴趣是熟读《会社四季报》（东京经济新报社）。现在的兴趣是看有关全球马达及相关领域的公司的数据。

据说，永守在日本电产真正开始并购之前一直熟读《会社四季报》。他总是同时购买多份放在家中各处。

厕所、客厅、书房、卧室……在马桶上坐下后便打开看，回到客厅又接着看。

目标当然是把获取的信息运用在并购中。

永守说自己一直在看什么公司正在做什么、业绩如何……所以，"上市公司的内容全都记在脑中了"。

很多人都希望回到家后就把工作的事情放下。

但对永守而言，正如他本人所言，这些是他的兴趣所在，看各家公司的信息是非常愉快、有趣的事情。

他会想象"如果收购这家公司，可以做什么""如果收购那家公司，有助于开辟新的事业"等等。

永守常常被人称为勇猛的经营者，但对他本人而言，并非勇猛不勇猛的问题，因为工作并不会让他感到疲劳。

激励人心的话 73 ▶

如果没有牺牲和服务的精神，就不应该成为企业经营者。

　　这句话看似与前面的话矛盾，其实他想表达的是"能一年三百六十五天全身心投入为公司工作才算真正的经营者"。

　　永守每个月都要去海外出差，还要拜访国内的客户，可谓顶级销售员。他还会抽空去集团旗下企业的总部、工厂和研究所等，对一些悬而未决的事项作出指示，和普通员工一起吃饭，倾听一线的声音。

　　途中他也会浏览大量邮件，并当场作出指示。当然，周六周日也不例外，他视周末为做好经营决策所需时间的一部分，和工作日一样与世界各地的人交流。

　　现在已经没人再问他为什么要这样拼命了。用永守的话说就是"对企业经营者而言结果就是一切"。成天都在思考要取得利润该怎么做，自然而然就成这样的状态了。

　　"牺牲和服务的精神"听上去有点痛苦，但对永守而言，无论哪部分工作都非常开心。这与前一句话（72）没有任何矛盾。

　　顺便说一下，在劳动方式改革中，他提出的目标是2020年之前实现员工零加班。

　　说个与经营无关的情况，永守在推迟上班时间等方面也体现出了变化。当然，这些都是"以提高生产效率为前提的"。

　　他断言如果不能提高生产效率，在较短的时间内完成和以前相同的工作量，劳动方式改革就毫无意义。

　　可见，他并未降下勤奋工作的旗帜。

激励人心的话 74 ▶

自掏腰包，所以值得信赖。

永守最讨厌的事情之一便是公私不分。很多企业经营者都忌讳公私不分，永守对此的厌恶之情尤深，可谓深恶痛绝。

主要原因是他认定有损公司利益的事情是绝不应该、绝不允许的——小到不必要的聚餐，大到把公司的车当私家车、把公司住宅当社长住宅等等，更别提那些专挑高级、豪华的占用的。

要使企业强大，非常重要的一点就是必须把握正确的姿态。

利润是通过尽可能压低成本、提高生产效率实现的。

如果中间混入公私不分的成本，企业真正的优势就不见了，改革也将无法展开。本来，企业的利润就是员工努力的结果。即使是企业主，也不能视之为自己的私有物。用永守的话说，这种行为极其愚蠢，简直是企业经营者的自杀行为。

所以，频繁与员工聚餐的费用，都是永守自己掏腰包。不过，绝没有豪华奢侈，只有适宜的普通的便当。

永守认为"自掏腰包更能得到员工的信任"。

如果企业经营者用公司的钱带员工去豪华酒店或高级俱乐部，会让人认为"社长自己一个人的时候肯定也很会享受"。

那样的话，即使下令要求"为了实现利润最大化，必须努力削减成本"，也难免有人在背后嘲笑。

永守显然深知这一点。

激励人心的话 75 ▶

> 　　要看清一个人的成长，可以看其"眼光"和"脸光"的变化。这种"光"的养成，离不开不厌其烦地不断穿越"痛苦的隧道"。

这是永守经常说的看清年轻员工的成长的方法。不过，实际上可能也与年代和立场有关。人活着，就需要敢于挑战工作上的"痛苦隧道"的魄力。而且，有苦和乐两条路可选时，勇于选择苦的人，其眼中和脸上的光就会增加。企业经营者也一样，拥有选择难题并努力突破的魄力和力量，就能登上人生的又一个台阶。

激励人心的话 76 ▶

> 企业成长的第一步是利润。

这句平实的话，道出了永守为什么一直追求利润。

一般人认为，企业成长了才能实现利润，但永守却把实现利润看得比什么都重要。而且，他还说不能是 2%、3% 这样的低利润率（营业利润），必须是 15% 以上的利润率。

有了这样的利润，才能进一步加大在设备、研究开发和人才等方面的投入，进而提高销售额。

永守认为，不是先提高销售额实现利润，而是先提高利润，销售额也跟着增加。所以，他认为无论如何，提高利润才是成长的第一步。

这样提高利润的过程中，很重要的一件事情就是培养主动思考"为什么没有利润""为什么赚不到钱"的员工。要提高员工的成本意识和利润意识，提高士气。

如果能做到这两点，就能用增长的利润进行投资，以新产品、新技术和新市场回报客户，提高价值。

企业做到这样的程度就能得到市场的好评，股票价格和银行估值都会提高。

企业成长的道路有很多，这里说的只是其中一种。对企业经营者而言，最值得学习的是这种"大局观"，从大的视角来看待事物的格局。

激励人心的话 77 ▶

> 我父亲扔掉卖剩的蔬菜，我母亲一直强调要比别人努力，我真的从中学到了许多。

本章开头提到 1944 年 8 月永守生于向日市的农家。父亲奥田末次郎，母亲多美，兄弟姐妹 6 人，永守是最小的一个（永守重信后来成为远亲永守家的养子，与该家长女寿美子结婚至今）。

永守从双亲身上学到了很多。

"工作努力"是永守的一大特点，这与他母亲的影响有很大关系。他母亲经常跟他哥哥姐姐说"只要比别人多努力一倍就不会不成功",这简直是她的口头禅。她还告诉他们"太轻松的钱绝对不能赚"。

永守小时候,有一次和朋友打架输了回家,他母亲居然说打不赢就不让他回家。如今这样的情景几乎只能在电视剧里看到了,但对以前那些勤劳朴实的日本母亲而言却是很常见的。

关于父亲,笔者经常听永守说的是,他上小学时和父亲一起去京都市内卖自家精心栽种的蔬菜的经历,他们拖着满载蔬菜的两轮拖车在京都市内大街小巷叫卖。

有一天,还剩大量蔬菜没卖完。永守理所当然地认为应该降价卖光,而父亲却宁可在回家路上扔在河边,也不降价处理。永守惊讶地问:"与其这样,为什么不在京都市内降价卖了呢?明明那样能赚更多钱。"父亲则说:"如果这次我们降价卖,那么下次不降价大家就不买了。于是乎,从下次开始价格又降了。这样就等于自己贬低了自己商品的价值。"

一次普通的对话,给年少的永守留下了深刻的印象,让他知道了"商品的价格是如何决定的"。

这两段经历都不算什么特别的事情,但对永守而言却非常重要。永守的品格特质就是在这样的环境中养成的,这是不容忽视的。

独自经营使人强大

激励人心的话 78 ▶

> 绝不沦为普通公司。

永守在向员工宣传日本电产的理念和永守主义的《挑战之道》中说：

"本公司之所以能发展，正是因为积极挑战别人不愿做的、避之唯恐不及的事情。无论时代如何变化，这样的姿态绝不能变。我们绝不能沦为普通的公司。"

正因为接受并解决了其他公司避之唯恐不及的难事，公司才有今天的发展。无论情况如何变化，这种思路、行动原则必须坚持。

日本电产的销售的突破点是交货期——"只要其他公司所需时间的一半"。

永守知难而上，和员工一起努力做到。

虽然没有技术和资本，但他们抱着"在每天有且只有 24 小时这一点上人人平等"的信念，拼命工作，最终成功做到了。因为他们愿意做这种不容易的事情，所以成功了。

在这样努力的过程中，他们获得了技术和资本。

"绝不沦为普通公司"，正是这种强烈的意志成就了日本电产。

激励人心的话 79 ▶

"挖井式经营""家庭账本式经营""切丝式经营"是我们的三大经营手法。

这是永守摸索出来的最基本的经营手法。

首先来看看"挖井式经营"。

地球上绝大部分地方都可能挖到水。但如果不持续汲水，便不会有新的水出来。改革经营、改善经营的好点子也一样，坚持不断挖掘才会出来。好点子是无穷无尽的，关键是要不断挖掘。

"家庭账本式经营"，用永守的话说，和家庭主妇记账差不多。强调要量入而出，如果由于经济不景气丈夫工资减少了，可以把晚饭后的小酌从原来的 2 瓶减到 1 瓶，减少支出。不过，孩子教育和住房等，是为将来打基础的，属于资产积累，这类需求必须尽量满足。将支出控制在收入范围内的同时，也要关注投资。这一条就是要求妥善安排收支。

至于"切丝式经营"，是指遇到问题可以分割成一个个小问题。即使看上去非常棘手的问题，如果能分割成一个个小问题，也容易找到应对之策。

日本电产三协 CMI 的社长野网明说，当新顾客的开发和产品的改善出现停滞，他们便会"写出与之相关的事情、人物等等，使其中的关系可视化。这样便可以从细微之处找到突破口"。这也叫"切丝"法。方法总比问题多。

其实这些都不是什么全新的经营方法，虽说是非常基本的东西，但确实非常重要。

就挖井式经营而言，需要企业经营者不断在公司"汲水"——挖掘好点子。这样可以加深组织的"认知"的深度，并形成有利于其成长的土壤。企业经营者绝不能甩手不管。

家庭账本式经营反映出了永守式经营的一个显著特点——关注环境，随机应变。制定计划，确定与之匹配的周全战略，投入资金，带领大家行动。

如果事情发展不同于预想，就尽快改变该项投资（资金和人）的安排。同时遵守经常说的铁规则"赤字即罪恶"。

切丝式经营也和永守式经营的一大特征——绝不放弃的精神相通。无论多难的问题，只要分割成小问题，就能找到突破口。撬动突破口，就能解决难题。

仔细分析这三大经营手法后，我们可以发现永守的进军号角的基础是，对变化的细致观察和周全的应对。他的经营建立在长期不懈的用心努力的基础上。

激励人心的话 80 ▶

公司由负责不同职责的各部门组成。各部门的综合职责落实能力决定公司的强弱。

这是毋庸置疑的。具体说来，永守是这样划分的："制造部门为公司创造利润；技术开发部门决定公司的未来；销售部门负责无限扩大销售额；事务部门向内打造适合员工工作的环境，向外推动企业成为面向全球的一流企业。"

这也无须特别解释。永守强调的是"各部门应该认清自身工作的最大使命，集中力量努力做好，并对结果负责"。

例如，一方面营业部应该集中精力提高销售额，他们应该对销售额负责，而不是利润。当然，要在倾听客户需求的同时提高销售额，价格的把控尤其不易。另一方面，利润由工厂负责。日本电产实行利润中心制，要求工厂必须努力降低成本提高效率，适应市场需求。

这样就难免出现销售与工厂冲突的情况。不过，如果各部门能努力履行自身职责，摸索新方法，终将相互协调，找到对策。

所以，关键在于各部门全力履行自身职责，这样便能催生新的力量。

永守的想法是："大家真正理解自身职责所在，并全力以赴，组织便能不断强大。"如果胡乱组织，胡乱分配任务，必将导致经营混乱，业绩无法提高。

激励人心的话 81 ▶

发掘对我们的想法、做法最有共鸣的人，竭尽全力争取好结果。

这是永守在收购经营不善的企业并加以重组时经常说的一句话。每个企业经营者，在带领组织时总是有一定想法的。当他们想要改变经营方式，采取新的做法时，往往容易引起他人的抵抗情绪。企业重组的场合下尤其如此。因此，企业经营者首先要发掘对自己的想法有共鸣的人，争取他们的支持，推进改革。

企业是活的，未必凡事都能依照经营者的指示行动。尤其是在难题面前，为保证指示能得到更好的落实，就需要采取这样的手段。待取得实际效果后，最初没有共鸣的那些人也会追随而来。这就是这么做的目的。

激励人心的话 82 ▶

我们的产品要参与全球竞争。我们绝不能作低水平判断，产品的好坏由全球的客户判断，认为顾客不行的人是其自身不行。

这并不限于跨国大企业。无论什么企业的产品和服务，都需要面对竞争，或是全球范围或是本国范围，或是其中部分地区，或是某个类别。不论范围如何，既然是竞争，那便和全球范围内的竞争一样，绝不能有低水平的判断，认为顾客不行的人是其自身不行。

永守至今仍不分巨细地密切关注全球市场的动向。其途径之一便是公司内称为"周报"的东西。

首先是各子公司的社长每周从各公司的海外当地法人企业、国内分公司、营业厅、本公司内的营业和技术部门等处，收集有关市场、客户和技术的动向的信息。

每周六早上，各公司的社长先看完汇聚到手边的大量笔记，并归纳总结，中午发邮件给永守。永守周六不仅看完集团旗下遍布全球的 308 家公司的汇报，还浏览完各地中坚级别以上干部写来的大约 1 000 封邮件。而且，他并不是看完就完事儿了，他周日早上开始回复各公司的周报和邮件。这实在太厉害了，所以他可以自信地说"全球各市场的微小动向我都知道"。

这里我们应该注意什么呢？身为企业经营者，能如此不辞劳苦地工作，自然是值得注意的一点，更重要的是，永守建立了覆盖全球的"神经回路"。

因为他构建了这样的回路，所以再小的变化都不会忽视，都能察觉到。那么，你作为企业经营者，你的神经回路是否覆盖了本公司的相关领域和地区呢？

激励人心的话 83 ▶

> 率领他人，不同于通过强权制作严格遵守自己命令的机器人。

看到这里，读者可能已经注意到永守对员工和干部的期望——"努力、热情、忍耐力、细腻的感受力、专注力以及结果"。

全面具备这些条件的超人是不存在的，永守也深知这一点，但每个员工或干部总拥有其中一个或几个特点。永守的想法是提升他们所具备的特质，告诉他们自己希望他们能在哪些方面做好。永守最近公开自己邮箱地址，接受一般员工有关职场的问题和表达不满的邮件，也许就是这种考虑的一环。

身为企业经营者，永守会训斥干部，这是因为他想要培养他们。

企业经营者要坚强，要对数字敏感

激励人心的话 84 ▶

即使在日本做得不顺，还有美国呢。

新成立的创业公司凭借自身技术前往美国发展客户的现象，最近才慢慢多起来。在日本电产成立的 1973 年，对创业公司而言，日本和美国的"差距"远远大于今天。永守却在公司创立的第二年即 1974 年便飞往美国做业务。

也许其实他并不想去，无奈处于创立初期还没有什么业绩、没有知名度的中小企业，订单实在太少。据说当时只有与山科精器（永守创业前所在的公司）有来往的公司，购买电脑的外部记忆装置磁鼓存储器用的精密小型马达。

被永守拉到日本电产的现任副董事长兼首席运营官小部博志苦笑说："当时我通过黄页查找可能需要马达的公司后，便开展游击营销，有时候对方同意我们制作马达样品。"如果拿到订单，大家便一起制作马达。

做完一单，便集中向使用同类型马达的厂家推销，就这样不断地重复。

这时永守突然飞往美国。

日本社会非常重视企业现有业绩、讲求派系关系，对日本电产这样的初创微小企业而言，吹来的都是逆风。永守想到"在美国只要产品好，即使还没有出业绩，也会有人购买"，便飞往美国了。

永守英语说得不好，也没什么熟人，可谓名副其实的单打独斗；但他并不在意，一到纽约便开始翻电话本，开始用有限的英语推销。

后来终于有一家公司被永守拼命的推销打动并同意见面，那就是主营化学、电子材料的 3M 公司。3M 公司是全球性大企业，当时正计划缩小用于教学等用途的盒式磁带录音机，其技术部长看了永守带去的马达样品。

当技术部长问"马达能缩小到多小"时，永守信心十足地说"能在保证性能的情况下，缩小三成"。据说，实际上当时根本还做不出这样的预测，但他坚信肯定能做到。

7 个月后，他们真的做出了缩小的样品，并成功拿到了 3M 的订单。日本电产的社史里记录了当时 3M 技术部长的话："我还是第一次见到那么积极沟通交流的人。"

努力、坚强和谈判能力，这三者企业经营者拥有越多就越强大。

激励人心的话 85 ▶

对数字不敏感的经营者会毁了公司。缺乏数据支持的纸上谈兵，如败犬之远吠。

永守是技术出身的企业创始人，但他对财务的了解远远多于一般人。他创业后不久便开始去专修学校上晚课学会计。学习热情高涨的他还努力自学，全面掌握会计的相关知识，1986 年更是出版了《财务战略——技术创业公司社长经验之谈》(日文版由雅典克出版)。

书中，他强调"对数字不敏感的经营者会毁了公司"，他指出成本意识是成为一名合格的经营者的首要条件。

经营者对数字不敏感的情况之一是"对人工费不敏感"。

有些创业公司或中小企业，看到社会上的初始工资是 ×× 万日元，便跟着开 ×× 万日元。挖人的时候还喜欢说"你现的工资是 ×× 万日元，我们能给你更多"。

这些乍一看没什么问题，但永守认为是大错特错。靠年薪竞争，会导致一开始的成本过高。"创业公司挖人的时候，要有以更低的年薪挖人的气概"，创业公司有自身的吸引力，包括上市后的资本收益和晋升快的优势。

企业经营者对数字不敏感还体现在完全没有意识到生产和流通的成本。有些经营者技术和产品开发能力很强，但没有全面了解成本的构成，诸如个别零件的价格、涂料和运输等的成本。

有些经营者多少知道一些，但也仅仅停留在某种零件"1个 ×× 日元"的程度。永守指出，问题是"知不知道可以用更低的价格从别的公司采购，知不知道这个零件全球哪里卖得最便宜"。企业经营者身处竞争的世界，数据不放到比较的视角中把握是没有意义的，理解仅仅停留在学校学习那般程度也是没有意义的。

激励人心的话 86 ▶

不要拘泥于自有资本比例。

不仅是创业公司，中小企业往往都重视"自有资本比例"。一般认为，自有资本比例越高，企业的安全度越高，在银行的信用也越高。

永守却认为"每股收益"更为重要。关于这一点，他在《财务战略——技术创业公司社长经验之谈》中强调过，最近也经常这么说。

本来，企业为了成长需要借款，而利润也不会马上随着销售额的增长而增长。因此，成长期里自有资本比例下降是常有的情况。

另一方面，每股收益（税后利润÷已发行股票数）是估算股票价格的基础，在增资扩股等时候极其重要。当然，向风投等融资时，也是非常关键的一点。而且，股票市场上以每股价格除以每股收益所得的市盈率判断股票价格的高和低。

重要的是以这样的视角来看经营。如果意识到提高每只股票的利润的重要性，便会彻底控制包括总部大楼在内的不能直接创造利润的东西上的投资，集中于必要的投资。经营者如果没有这样的视角是无法这样做的。

激励人心的话 87 ▶

市场占有率决定成本和人才。

永守曾跟笔者说过："首先要取得市场占有率。"

永守认为取得较高的市场占有率后，便能增加产量，提高设备运转率，降低成本，提高利润。以此为资本，开展持续的价格竞争，或通过研发和设备投资提高竞争力，就能进一步提高市场占有率。企业就应该以这样的良性循环为目标。

"拥有许多市场占有率高的产品，就能汇聚优秀人才"，进一步壮大。市场占有率提高，设备运转率上升，资产效率提高，赚到更多钱，自然也会增加经营性现金流。

"取得高市场占有率—设备开工率上升—资产效率提高—利润增加—经营性现金流增加"，这过程中，也能获得人才，提高自身能力。这也是永守式经营的良性循环。

当然，高市场占有率并非简简单单就能实现的，其本身也是综合努力的结果。

日本电产最大的支柱、全球市场占有率高达 85% 的硬盘精密马达的成功之道便是如此。

重要的是以取得市场占有率为目标，并为此采取独特的努力。了解财务有助于采取独特的努力。

激励人心的话 88 ▶

现金流比利润更重要。

永守非常重视的还有一点，那便是"现金流"。这是日本电产判断经营结构是否持续带来现金、现金是否被浪费的指南针。

会计学上的利润会因会计标准不同而异。例如，设备的折旧，是采用每期一定金额的定额法，还是一定比率的定率法，会影响利润计算的结果。呆账准备金列入与否也会有影响。所以，会计学上的利润会因企业经营者的意图而变化。当然，如果是上市公司，有时需要与监察法人进行讨论，并非简单地由企业经营者的意图决定，但也并非完全不可能。

但是，现金流反映的是带来现金的能力，不受这种意图影响，是考查经营情况的一个重要标准。

经营性现金流能带来营业利润。重视现金流，加强公司的经营管理，还有助于减少无益投资和库存，及早收回赊账。这些努力将使经营性现金流和营业利润的动态无限地接近。

2001年日本电产在纽约证券交易所上市时，永守说"希望通过在会计标准较严格的舞台上市，促进日本电产进一步增强"。会计使企业更强大，这也是永守的信念。

第六章

变化与创造

企业存在一天，就必须不断发展

激励人心的话 89 ▶

> 蛇不蜕皮必死无疑。

永守经常说："社会上不断有新公司诞生，遗憾的是有许多公司，别说成为大企业，还没成长为中坚企业，便销声匿迹了。这是因为他们没有在成长的各阶段进行相应的体制改革，没有蜕皮。"

在永守看来，企业要实现持续发展，关键要有不断改变自身的能力。他本人也总是一看到环境发生变化，便立马着手"蜕皮"。

一个典型的例子就是日本电产实现飞跃的契机——硬盘驱动器主轴马达。

1973 年创业后的一段时间里，永守依靠包括按摩器的电机在内的产品巩固企业基础。1978 年秋，他带着电机样品前往美国出差，获知一个秘密消息，那就是关于开发电脑存储器——硬盘的驱动马达的消息。

当时已有的硬盘是通过与马达相连的传送带带动存储数据的盘片，新思路则是马达直接带动盘片。

永守一回国便下令要求大家着手研发新型硬盘驱动马达。不过，毕竟是新公司，据当时的技术人员回忆："就连硬盘驱动马达是什么东西，我都不知道。"

尽管如此，永守还是斗志昂扬。

"当时电脑的存储器几乎都是软盘，而软盘驱动电机领域的竞争已经非常激烈，像日本电产这样的新企业，再怎么奋起直追也不太可能赢。但我相信新兴的硬盘领域还有机会。当时硬盘制造公司也大多是创业公司，和我们情况类似。因此我们认定这个方向并全力以赴。"

高瞻远瞩的永守预感到剧烈的变化即将来临，并坚定不移地奋勇直前。虽然当时人力和财力都不太宽裕，但由于大家全力以赴，翌年秋天日本电产便向大型电脑制造商提交了 8 英寸硬盘的驱动马达的样品，1980 年便开始大批量生产。

日本电产的销售额由此攀升，走上了真正发展的轨道。

激励人心的话 90 ▶

我们必须不懈努力，无限接近对方的期待。

这一点并不限于"蜕皮期"。

企业必须尽最大努力满足客户需求。如果这个对象是整个市场，那企业的处境便与"蜕皮"相似。要最大限度地满足市场需求，应对市场变化，非常关键的一点就是要不断调整自身。

日本电产得益于永守准确的预测和判断，20 世纪 90 年代后半期便占领了硬盘驱动马达领域 70%（现在是 85%）的市场份额。但新的危机也随之而来，当时在精密马达领域一场深刻的技术革命正呼之欲出。

此前的精密马达，正中的转子与包围它的轴承之间装有滚珠，这时有观点指出注入润滑油代替滚珠的新样式将取代原有样式。与滚珠轴承相比，新的液态轴承（FDB）具有转速快、噪音少、寿命长的优点。

液态轴承马达（FDB）这一时期开始备受瞩目是因为硬盘存储容量（存储密度）从 20 世纪 90 年代中期开始急速攀升。人们在电脑上使用的数据的量发生了飞跃式提升，此前 MB（100 万）单位级的存储密度，1996—1997 年间一举上升至 5G（1G=10 亿），2000 年更是达到了 20G。

读取大容量硬盘，需要能稳定地高精度高速度运转的马达，满足这个需求的液态轴承马达就显得尤其重要了。这个变化对日本电产而言是一个重大问题。

据日本电产当时的干部回忆说，"公司对 FDB（液态轴承马达）的基础研究从 1992 年便开始了"，但零部件几乎都是从外面采购的，日本电产自身专注于组装，并未掌握液态轴承马达中最关键的液态轴承等精密零部件的加工技术。如果听任事态发展，日本电产的市场占有率有可能出现雪崩，当时公司上下都相当紧张。

对此，20 世纪 90 年代后期开始永守积极开展并购。这一战略手段是公司后来闻名全球的契机。

永守陆续从日产汽车和富士通等旗下收购了许多公司。例如：1997 年收购测量仪器制造公司东测（现日本电产东测）、京利工业（现日本电产新宝。一度改名日本电产京利，2012 年 4 月与日本电产新宝合并），1998 年收购生产光学机器的科宝（现日本电产科宝）。日本电产充分利用这些企业的技术，逐步研发转子、轴承及相关产品的加工机械。

2003 年 10 月日本电产并购三协精机也是出于同样的目的。在液态轴承的基础技术开发方面三协精机比日本电产起步早，且拥有不少专利。

这些并购相互之间看似没有特别关联，但它们都有助于日本电产的蜕皮和强化。

如果把进军精密马达领域视为日本电产的第一次蜕皮，那么强化精密马达、进军液态轴承马达领域便是第二次蜕皮。

企业的蜕皮需要准确的预测能力和执行力。

激励人心的话 91 ▶

打造 100 年后依然持续发展的企业。

这是永守最近经常说的一句话。

打造可持续发展的企业，这个大宣言确实很符合永守的风格。要实现这个目标，需要不断蜕皮、实现重生。永守通过液态轴承马达技术的布局进一步强化了在精密马达领域的实力，进而开始挑战新的转型。2000 年中后期以来，特别是 2010年以后真正开始马达事业多维化。

日本电产的业务此前以精密马达为主，逐步增加了车载、家电、商业和工业等领域的马达，逐渐向综合型马达制造企业转型。值得一提的是，日本电产是在精密马达业务如日中天的时期，便看准了下一个趋势，果断通过并购海外企业，优化业务结构的。这真可谓绝无仅有的大举措。

具体的有：2006 年末收购法国汽车零件巨头法雷奥的车载马达部门（现日本电产电机与驱动器有限公司）；2010 年 1 月收购意大利的家电零部件生产企业 ACC 的家电用马达事业部（现日本电产太阳电机），同年 9 月收购美国电机和电子机械巨头艾默生电气集团的家电、工业用马达部门（现日本电产马达）。从这时起，日本电产的并购活动便一发不可收拾。

2014 年 4 月收购美国冲压机生产企业敏斯特机械（Minster Machine，现日本电产敏斯特），同年 6 月收购意大利工业用马达巨头 ASI（现日本电产 ASI），同年 9 月收购美国传动设备制造商埃福创工业自动化公司（现日本电产马达）。

2015 年收购意大利车用泵制造商盖普美（GPM，现日本电产 GPM）等，2017 年收购美国艾默生在法国、英国等地的工业用马达和发电机等事业部。

日本电产海外并购的加速，使其销售额结构发生了巨大变化。2011 年 3 月期的情况是：总销售额 6 760 亿日元，其中小型精密马达销售额 3 484 亿日元（占总销售额 51.5%）、车载马达 692 亿日元（10.2%）、家电·商业·工业用马达 942 亿日元（13.9%）、其他 1 642 亿日元（24.3%），到了 2017 年 3 月期（总销售额 11 993 亿日元），各领域分别为 4 371 亿日元（36.4%）、2 611 亿日元（21.8%）、3 109 亿日元（25.9%）、1 901 亿日元（15.9%）。

据称，2021 年 3 月期的 2 万亿日元目标中，车载马达为 0.6 万亿至 1 万亿日元，家电·商业·工业用为 0.6 万亿日元，两者之和远远超过总销售额的一半。

"在小型精密马达事业不断成熟，且处于良好状态之时，便开始改变事业结构，增强将来的发展潜力。"永守高效的行动力为其大胆行事提供了有力的支持。

从外面看来日本电产一直在顺利发展，实际上是因为日本电产随着环境变化，不断调整业务，才得以发展到现在的程度。企业结构能不断蜕变，是该企业强大的重要标志。

激励人心的话 92 ▶

　　并购的技巧，并非学习他人所得，全靠实战过程中体悟。

为了调整业务结构，永守不断并购，并因此而出名。据永守自己所言，其并购技巧并非学习他人所得，"全靠实战过程中体悟"。

例如，并购后永守并不会派遣经营者马上控制该企业，因为他认为这样有利于提高该企业员工的士气。对不景气的企业而言，有助于尽早重生；对其他企业而言，也是提高业绩所必不可少的。这是永守自 1984 年收购美国陶瓷生产商克利夫帕克的轴流风扇部门以来的观点。这是有其缘由的。

该风扇部门原本是托林公司，生产电脑用的风扇，与日本电产有贸易往来，还共同成立了合资公司。后来由于托林公司被克利夫帕克收购，风扇的销售区域被限定在亚洲等地，于是日本电产收购了该轴流风扇部门。

当时日本电产尚无经营海外企业的经验和技巧，且对方又是以前的合资伙伴，因此无须勉强施加管控。

此后，20 世纪 90 年代日本电产收购日本国内业绩不良的企业时，在向这些企业传授日本电产摸索出的低成本经营技巧的同时，也效仿"托林方式"进行管理。当然，并不止这些。重组不景气的企业的过程中，永守更加深刻地意识到在指导低成本经营技巧的同时，帮助这些企业提高员工士气，更有利于重组。

再举一个永守分析收购价格的例子。

从 EV/EBITDA 企业价值倍数看，永守说"最多 10 倍，实际上以 5、6 倍或 7、8 倍收购的情况居多"。 EV 是企业价值，由市值＋净负债（付息负债－现金）所得，EBITDA 是息税折旧摊销前利润，由营业利润＋折旧费等所得。EV/EBITDA 企业价值倍数即把以市值为基础的企业价值作为投资额，计算需要多少年的利润才能收回投资额。

永守经常说"日本的并购价格过高"。

以高价购买的话，如果达不到目标，会导致巨大的资产减损，会伤害并购方自身，适得其反。问题在于 5、6 倍或 7、8 倍的倍数。有分析指出从东京证券交易所一部的数据来看，2001—2014 年企业价值倍数是 8 倍左右。当然这并不是以实际的并购价格来算的倍率。按永守的分析实际上会更便宜。

重要的是永守这种自己摸索的姿态和分析能力。经营环境自然是不断变化的，只要拥有摸索技巧的能力，便可以在环境发生变化时，灵活应对，妥善经营。

激励人心的话 93 ▶

否极泰来。

1973 年日本电产创立之时正值第一次石油危机爆发。永守在《挑战之道》中回忆到："本公司在经济不景气时诞生，在逆境中逐渐发展壮大。艰难困苦最有助于培育坚强的人才。"

他还说"大环境不景气，正好给公司反思自身基础的时间，促使我们重新思考销售、开发、制造和经营"。以不景气为契机实现公司的进一步发展，离不开永守独特的应对变化的经营方式。

最近 10 年中最典型的例子就是应对 2008 年秋的美国次贷危机。2008 年 9 月美国投资银行雷曼兄弟申请破产保护，对全球经济造成震荡。日本电产也因此遭遇了既有订单被取消和新订单发展停滞的问题，导致 2008 年 10 月到 12 月的营业利润骤然降至前期的一半。

永守迅速于 2008 年 12 月 19 日宣布全期业绩向下修正，又于翌年 1 月 8 日宣布普通员工工资从 2 月开始减少 1% ~ 5%，干部报酬减少 20% ~ 50%。永守还约定"公司业绩恢复后将连本带息补发减少的部分"，当时这样做的大企业绝无仅有，震惊了全社会。

永守应对变化的措施并不止于此，还有名为"WPR"（利润率倍增）的提高生产效率的计划。

"这是为了在销售额减半的情况下也能实现盈利，而全面彻底削减成本、提高生产效率"（专务理事全球 PMI 推进统辖总部长吉松加雄）。其目标是销售额减半的情况下实现盈利，销售额减少 25% 的情况下实现此前高峰期的利润，销售额恢复到原来水平的情况下实现营业利润增倍。

永守当时分析了自 1929 年以来的历次经济危机中企业业绩变化情况，认识到可能出现销售额减半的情况。因此，他当机立断地重新分析生产成本和生产效率。

不过，毕竟日本电产的成本本来就控制得非常严格，要进一步降低生产成本、提高生产效率，就像从干毛巾上拧水般不易。

永守把成本分为固定成本和变动成本两个方面，分别采取相应的措施。固定成本方面通过降低工资、减少加班等，削减了二三成。变动成本方面则努力削减包括材料费在内的各种费用，大到零件材料由向外采购改为内部生产、出售出租工厂设备，小到往冲水马桶的储水箱中放入东西减少用水量。

永守还下大力气抓生产线，积极推进自动化，全力提高生产效率。

当时日本电产从员工、集团下属各企业征集到的改善建议很快便达到 500 多条，1 年后更是多达 3 万条。

利润率也得到了显著的提高，美国次贷危机之前一个季度 10% 左右的营业利润率，到 2009 年第四季度已提高到 15%。日本电产以危机为契机，进一步增强了自身实力。

企业对危机的应对决定了其后的方向。永守说逆风时更需要反思经营、开发、制造……这句话具有重要的意义。

激励人心的话 94 ▶

今后将是以这种剧变为家常便饭的时代。出现异常就迅速转移生产基地，新产品卖不动就立马停止……这种随机应变的姿态比什么都重要。

永守这句话并不是美国次贷危机之后说的。

通过利润倍增项目渡过美国次贷危机后，永守和日本电产还经历过两三次大变动。首先是 2011 年 3 月的日本关东大地震和同年 10 月的泰国大洪水。

日本电产及集团下属企业的很多工厂都在泰国。面对大洪水，他们迅速采取全面的应对措施，将未浸水的机器从工厂搬出，借用其他工厂的空地恢复生产。永守也亲自前往现场指挥。

波折并未就此结束，2012 年更大的危机袭击了日本电产。"今后……"这段话正是永守在那时说的。

这次危机是由于长年带动日本电产发展的精密马达的主

要市场迅速缩小——个人电脑的销量因智能手机和平板电脑的迅速普及而锐减。

异变之前的 2011 年，使用精密马达的硬盘全球约有 6 亿个，主要用于年销售量达 3 亿 5 280 万台的个人电脑。2012 年第三季度却开始锐减，全年销售量较上一年减少了 4.9%，当时预计 2013 年同期将减少 14.4%。

面对如此严峻的局面，永守启动了第二轮 WPR，即 WPR2。这里的 WPR 是 World-class Performance Ratios，指世界一流的绩效指标。WPR2 采取的对策远远超出了削减成本、提高生产效率的范围：

其一，前文提及的从这一时期开始大规模并购海外企业，进军车载、家电、商业、工业用领域的电机制造，投资组合多样化。

其二，对于并购到旗下的企业，日本电产此前标榜尊重自主性的联邦经营，以此为契机转向侧重集团内相互作用的一体化经营。这有利于日本电产灵活运用所属经营资源，实现了逆境增长。2016 年 3 月期[1]年销售额达到 12 000 亿日元，营业利润达到 15%。

其三，减少营运资金与销售额的比例，强化现金流。

暂时过剩的生产设备也一举列入资产减损（360 亿日元）

---

[1]　2016 年 3 月期，指 2015 年 4 月 1 日—2016 年 3 月 31 日的年度结算。

等，一系列的措施得到迅速落实。当然，最关键的还是事业投资组合和集团一体化经营方面的转变，真可谓经营方面的大改革。

永守此人似乎越是身陷危机越是勇猛、越是斗志昂扬。他总是全力以赴应对困难，并在战胜困难后变得更强大。永守式经营真可谓斗志的经营。

企业基础实力的根本在于改革

激励人心的话 95 ▶

> 市场形势发生了彻底的改变，企业不针对这种变化改变自身结构，将难以生存。符合主题的三新（新产品、新市场、新顾客）是实现进一步发展的必要条件。

第一句话内容与第 94 节相似，我们重点看看"三新"。"三新"的说法在日本电产具有一定历史了，要求所有员工努力开拓新产品、新市场、新顾客。

关于三新，日本电产一直严格培训员工，无论是新入职的员工，还是新并购到集团旗下的企业的员工。探寻本公司、本部门、本人所负责的领域的三新，几乎成了员工的一种习惯。

日本电产三协 CMI 是日本电产三协于 2014 年 1 月从三菱综合材料收购而来的，主要生产汽车中使用的继电器的触头等。

日本电产三协 CMI 收购前从未尝试进军别的领域。现在"电动工具、洗衣机、微波炉等各种家电及其他电器中都会用到触头，促使我们开拓新的市场"（日本电产三协 CMI 社长野网明）。去年还新设立了此前所没有的市场部，开始了真正的市场开拓。

实际上前文提到的 WPR2 中，日本电产总公司和集团下属各企业也试图通过开拓新市场、新顾客、新技术，提高销售额。

即便 WPR2 这样的新举措，其实也是对此前的一些基本做法的运用。根据市场变化开展蜕变，离不开基础实力。

关于三新，永守还说："销售应该始于新客户开发，终于新客户开发，应该尽全力开拓新客户。如果只维持老客户，业绩绝对得不到提高。"

三新本身并不耗费成本，主要取决于员工有没有干劲。如果员工满怀干劲投入三新，整个组织将得到进一步增强。这是永守的"士气改变企业"观点的典型例子。

激励人心的话 96 ▶

销售方面现在特别重要的一点，就是要用脚赚钱，要勤快地拜访客户。

重建日本电产三协时，永守要求销售人员"一个月内拜访客户 100 次""其中新客户至少 30 次"。这个要求乍一看主要强调坚持不懈。实际上，如果销售人员不动脑筋思考开发新市场、新客户，拜访任务就难以完成。如果没有任何提案就想前往拜访，客户不会接受，而且也不能每次提案都一样。这就要求销售人员细致分析客户需求、市场动向和竞争情况等，再制定有效的拜访计划。如此销售人员的能力便逐渐提高了。

"用脚赚钱"乍一看单纯强调销售要有毅力，实际上还意味着面向新市场、新客户的营销。这正是永守所期待的。

激励人心的话 97 ▶

期待日元贬值是滑稽的。"经常"且"深入"地研究

| 生产基地和交易形态，就不会不安。

日本社会存在一种可称为期待日元贬值的病。天真地认为"日元贬值有利于扩大出口，推动经济好转"的观点根深蒂固，所以现在往往日元升值股市便呈下跌趋势，日元贬值股市便呈上涨趋势。

甚至有不少企业经营者也期待日元贬值。永守觉得这种观点很可笑，他认为所谓经营，非常基本的一点就是要打造不受日元贬值或升值影响的经营模式。他很重视能迅速应对大环境变化的灵敏度，认为能避免日元汇率波动等短期变化影响的才算真正的经营。

日本电产的合并销售额和产量的 90% 都在海外，所以其基本方针是销售和成本采用同一货币结算。如果销售采用美元，成本也采用美元。这似乎没什么特别的，重要的是要能"始终"做到这一点。

永守是通过并购壮大起来的，但他并非胡乱并购。他说："收购企业时，即使企业本身在欧洲，也必须确认其工厂在哪里，用什么货币从哪里采购材料。如果工厂在泰国，从中国采购材料，就要查清楚泰铢对人民币、欧元对泰铢的汇率的长期走势。"

在此基础上重新分析如何交易才能最大限度减小汇率的

影响。最后，如果产品以欧元结算，那么采购也以欧元结算。在日本国内也一样。如果销售以美元结算，那么日本国内的采购也以美元结算。当然，不可能所有的都这样做，重点在于要时常保持这样的意识，朝这个方向努力。

不仅仅是贸易，永守还会重新分析生产基地。

日本电产从欧洲收购的一家子公司，以前在中国生产汽车的动力转向装置，后来将工厂转移到了波兰。因为波兰已经加入欧盟，其货币一直与欧元联动，汇率风险较小。

原本在泰国生产的铸造零件也于 2012 年迁往建于柬埔寨的工厂，因为泰铢升值导致泰国的人工费及其他成本增加了。

这类调整的例子非常多。因为通货是相对的，有可能 A 国货币对 B 国货币强势，但对 C 国弱势。遇到这种情况，日本电产就在 A 国工厂分别生产面向 B 国和面向 C 国的产品。如此一来，汇率的影响便因对冲而减小了。

虽然汇率并非一切，但据说永守甚至会根据汇率的变动而调整面向 B 国、C 国的生产数量。当 A 国货币对 B 国货币走强时，便减少面向 B 国的产量，增加面向 C 国的产量。

永守非常自信地说："之所以可以采取这样的做法，是因为我们的全球化非常彻底，因为我常常考虑什么产品在哪里生产最有利。"

比较麻烦的是如何解决日本总公司的成本。据说，日本电产通过将海外当地法人企业的产品经日本总公司销售给海外客户的形式，获取佣金，或收取专利费。

不过，这种方法也存在难点。有可能被税务局质疑低价从海外子公司购入产品，使总公司获得丰厚利润，或与此相反。为此，日本电产事先向两国税务局说明交易的正当性，取得理解。

重要的是要"始终""彻底"地活用经营。永守说"根本无暇为日元贬值的利弊一喜一忧"。

凭想象开拓新市场

激励人心的话 98 ▶

经营最需要的是想象力。在头脑中画好拼图，一块一块地拼齐。

人们常说理论和实践不同。例如，一般认为，企业进军新领域时，"不宜离老本行太远，应该选择相近的领域"。但若问及相近的领域指什么，该如何开拓，就没有人能很好地回答了。即使囫囵吞枣地吞下了理论，也发现不了什么。

日本电产于 2015 年 2 月收购了德国的车用泵生产公司 GPM。据说当时市场相关人士这样评论："日本电产为何收购车用泵生产公司？两者有什么关系吗？"

永守则认为"企业的经营靠想象力，并购方面尤其如此。开拓事业应该在头脑中绘好蓝图，再像拼拼图一样一块一块地凑齐"。即使在外人眼中像远离本行业的小岛，也可以在收购后购买或自己开发连接两者的桥梁技术。

桥梁解决之后，便一点一点地填补周围。桥两侧填好后，其下就成了内海。接下来就只需排水，大片的陆地即以广阔的市场为对象的事业就开拓好了。所以，重要的不是不能进军新领域，而是不能不构想到这种程度。

在此举个例子。汽车的环保越来越受重视，路口暂停时自动关闭引擎的无空转技术和混合动力汽车备受期待。引擎停止后依然输送冷却水和润滑油的车用泵的需求增加，组合了马达和车用泵的高性能电动泵的时代呼之欲出。

永守通过收购 GPM，在集团内建构起可以生产电动油泵一体化产品的体系。以 GPM 的泵为核心，驱动它的马达由日本电产生产，马达的变频器由 2014 年 3 月从本田收购的日本电产艾莱希斯供应，将各部分组合为一体的外壳则由日本电产东测生产。

真正的 EV（电动汽车）时代临近。到时现在的汽车生产商"可能生产加速性能好、续航距离远、燃油汽车难以企及的电动汽车。另外，非汽车领域的公司也可能加入其中。这类公司可能生产加速性能和续航能力有限但价格便宜的电动汽

车"。（日本电产 ERESIS 社长武部克彦）

如此一来，马达相关产品将愈发多样化。想象力成为获取市场的关键的可能性非常高。

激励人心的话 99 ▶

我认为必须看清未来 30 年社会的动向。

一直以来永守总是在机敏地应对当前情况的同时，设想 10 年、15 年后的情况，并采取长期的应对措施。

在精密马达领域取得非常高的市场占有率之时，永守便意识到液态轴承马达技术的出现可能引起竞争环境的变化，并于 20 世纪 90 年代开始真正的大规模并购。努力见效，日本电产在精密马达市场取得了绝对的优势之后，又于 21 世纪初展望未来 10 年、15 年，开始并购车载、商业、工业用马达相关的海外企业。

据说永守其实想布局未来 30 年。最近他开始半开玩笑地说："将来会是大家利用飞行机器人上下班的时代。"据说日本电产已经为此做了五六年的研究了。其前景如何我们不得而知，但兼顾眼前和长期的经营风格，确实很符合永守。

美国化学品制造商杜邦每年聚集公司高管议论 100 年后的世界将变成什么样。这并非玩笑，而是正儿八经的讨论，并由此逆推什么时候需要并购怎样的公司。这就是经营学里的"知的探索"。

永守未必意识到杜邦的做法，但他无疑一直都有长期、超长期的视角。

激励人心的话 100 ▶

10 万亿日元目前看似吹牛。但我是真的想把它实现，并不是瞎扯。

日本电产现在的目标是 2020 年度销售额达 2 万亿日元。既然永守已经说了"基本能达到"，实现的可能性应该很大。

永守还称 2030 年度销售额要达到 10 万亿日元。其实日本电产年销售额刚刚于 2015 年 3 月期突破 1 万亿日元大关，这个 10 万亿日元意味着用短短 15 年的时间增长 10 倍，所以连永守本人也说"目前看似吹牛"。不过，他是一本正经地提出的，他的想法是通过努力逐渐增大这个牛皮实现的可能性，把它变成有可能实现的梦想，进而真正实现它。

实际上，笔者从永守口中听说 10 万亿日元的目标是 14 年前的事情了。那时日本电产刚刚收购三协精机，这笔收购使其年销售额终于达到 4 800 亿日元。在当时那样的规模下永守便提出了 10 万亿日元的目标。

说来，永守的这个癖好由来已久。在年销售额刚超过 600 亿日元的 20 世纪 90 年代后期他便提出了"成为 1 万亿日元企业"的目标，未等 1 万亿日元实现他又提出了 2 万亿日元的目标。

不过，要把说下的大话变成梦想，并逐步实现，可不是不费吹灰之力的。用永守的话说，需要面向未来的全面规划、严密的计划、吸收各种事物为我所用的学习意识以及最不可或缺的勃勃野心。

从这本言行录也可发现，永守正是以这 4 种资质为基础的有力的行动，一步一步把牛皮变成了现实。永守是值得研究的企业家。

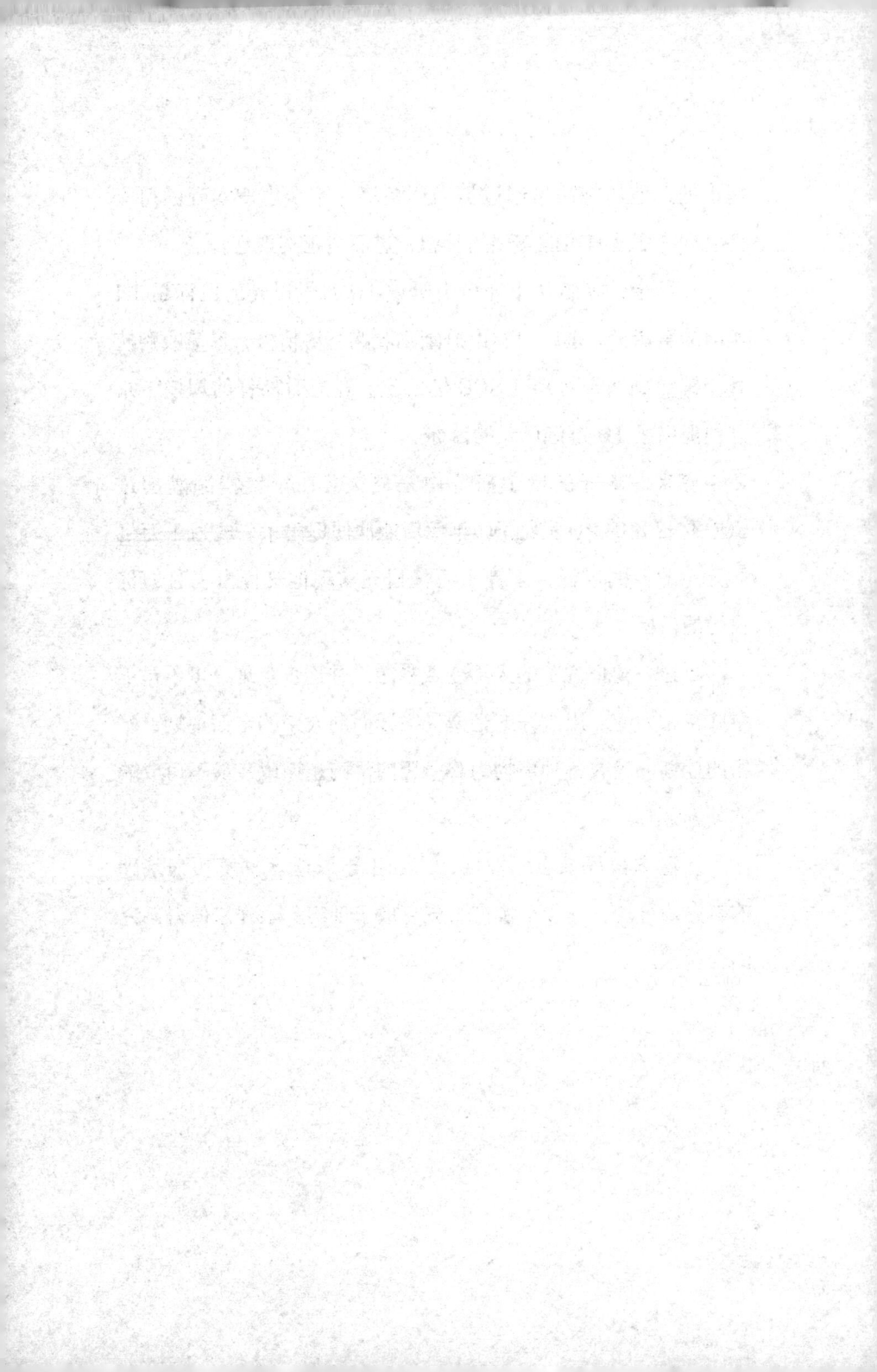

第七章

永守与其他著名企业家的共同点

永守话语的说服力从何而来？很重要的一点当然是他的成就。他赤手空拳创办的日本电产，仅用了一代人的时间便成为全球首屈一指的马达制造商。

不过，为他的话语赋予分量的绝不只不容置疑的成就。

将日本二战后的著名企业家的语录作比较，就会发现许多共同点。他们的观点具有搞经营办企业、引领员工攻克难关的企业家的普遍性。本章试从不同于前几章的角度分析永守的话语。

京瓷名誉会长稻盛和夫创业（1959 年）后不久，便制定了"经营十二条"。内容如下[1]：

1．明确事业的目的和意义；

2．设立具体的目标；

---

[1]《稻盛和夫：经营者是什么？》（日经 BP 社。）

3. 心怀强烈的志向；

4. 比任何人都努力；

5. 销售额最大化，经费最小化；

6. 定价即经营；

7. 经营取决于坚定的意志；

8. 燃烧的斗志；

9. 临事有勇；

10. 不断从事创造性工作；

11. 关怀他人，诚实处事；

12. 保持积极乐观的态度，心怀梦想和希望，诚实经营。

"具体的目标""强烈的志向""比任何人都努力""经营取决于坚定的意志""燃烧的斗志"等强调积极果敢和高昂士气的话语，特别引人注目。从中我们不难感受到那种专注于自己的工作，克服万难力争成功的坚定意志。

这些与永守创业以来推崇的三大精神——"热情、激情、执着""智慧型奋斗""立刻就干，一定要干，干到成功"不谋而合。与永守的"对企业而言最关键的是员工士气的高低"的观点相似。

重视无论如何都要成功的"意志"的力量，绝不仅是对员工的要求，稻盛和夫主张企业经营者自身尤其应该如此。

"感到快要不行了的时候，真正的工作才开始。"

稻盛和夫经常在自己主办的经营私塾"盛和塾"上对中小

企业经营者说："当你感到快要不行了的时候，真正的胜负才开始。"他强调不屈不挠、坚持到底的精神非常重要。

永守也一样。创业之初，收到诸如"机能不变体积缩小一半"之类的开发难度大而交货期又短的订单，看到员工有意见，永守便会说："试试说一百遍'能做到'，就能做到了。"

当然，他们自己也一起参与作业，而不是强加于人后自己逃避。所以，这话同时也是对他们自己说的。他们坚信这样拼命的话一定能行。

同样的话，其他著名企业家也说过。日本麦当劳（现麦当劳控股公司）的创立者藤田田曾这样说过：

"让自己相信'梦想成真'。"[1]

这句话里包含了创业的成功离不开对自己的信任，甚至过度信任的观点。这种可谓"彻底的积极"的强烈的进取心，可以说是许多著名经营者的共同点。

"积极进取的精神是最好的资本。"[2]

《我们公司的去向》一书中，大和房屋工业面向员工总结了创始人石桥信夫的讲话和思想。该书有一节叫《积极进取的精神是最好的资本》。石桥信夫在其中指出"'积极进取的精神'就是'去做的精神'"。

---

[1]《常胜经营能力：藤田田语录》（索尼杂志社。）
[2]《我们公司的去向》（大和房屋工业。）

积极进取的精神才能让馅饼从天而降

假设现在架子上有馅饼。最消极的人会等它掉下来；稍微积极点儿的人会伸手去取；最积极的人则会不顾危险地在梯凳上骑着他人肩膀去取，并由此加强团结合作的精神。

在梯凳上骑肩膀的，既可能是两个同事，也可能再请其他同事扶着以免危险。也就是说积极进取的精神，促使同事之间团结合作成功取得馅饼。

当然，不同员工接受这种理念的程度也不同。一方面，强有力的企业经营者往往会不断重复自己坚信的内容，反复灌输。在外人看来也许有些强硬，但这种想法本身并未偏离公司的规范。另一方面，如果业绩提高了，最终能增强对员工的影响力。日本电产也一样。

当然，公司员工的能力往往参差不齐，尤其是刚创立的企业或中小企业。不过，以石桥信夫的大弟子自诩的大和房屋会长兼 CEO 樋口武田说"能力之差归根结底是干劲之差"。他一针见血地指出很多问题乍一看像能力的差距，其实还是干劲的差距。这个观点与永守多年来的看法——"能力的差距再大也大不过 5 倍，思维的差距却能拉开 100 倍"不谋而合。

所以，关键在于员工是否由衷地认同自己的岗位职责并积极行动起来。本田的创始人本田宗一郎说过这样的话。

"依自身意志行事所吃的苦，与别的苦相比，总算轻的。"[1]

时年 16 岁的本田宗一郎从浜松的寻常高等小学毕业后进入东京汽车修理厂当学徒。最初安排的工作并不是他梦想的修理汽车和摩托车，而是带社长的孩子。这在大正时代[2]是很常见的。本田本想抗议不合己意的工作，但忍耐到最后终于得以参与梦想的修理工作。本田回忆说："与带孩子的辛苦相比，后来的苦根本不算什么。"

能做自己想做的事情的喜悦驱散了辛苦的感觉。

不过，本田还说过：

"每个人心中都有一个检察官、一个律师和一个判官。"

人太软弱了，即使刚开始时为自己喜欢的东西欣喜，一旦习惯了，也可能忘记感恩。也许能持续保持高昂状态的人才算得上优秀的人。幸好组织可以通过让员工整体上保持那样的觉悟而得以不断成长，这是组织的优势。

用积极进取的精神感染员工，首先一点就要把员工必须做的事情变成他们想做的事情。让他们认识到不只那些吸人眼球的事情，那些看似配角的内容在各种工作中也非常重要。而且，要注意让这种认识得以持续。

这正是企业经营者的重要职责之一。著名企业家的第一个

---

[1]《本田宗一郎的 100 句话》（宝岛社。）

[2] 大正时代：1912—1926 年。

共同点就是对"士气"即"积极进取精神"的认识。

灵活有利于稳定

让我们接着看看本田宗一郎的话。关于社会的稳定性，本田曾这样说过：

"要让一个事物稳定，必须让构成其基础的东西保持一定的灵活性。"

这句话是当本田说到公司的组织形态时所说的，他以汽车的稳定性离不开悬架带来的灵活性作比喻。

"有些人混淆了稳定与固定，稳定是指事物在不断的运动中保持平衡的状态。"正如悬架的灵活性缓冲了路面变化，使车辆稳定，公司同样也需要一定的灵活性才能保持稳定。

这是关于组织，套用到应变能力来看，可以启发我们思考企业的强大是如何实现的。

大和房屋的石桥信夫常常以"水"比喻企业的状态。会长樋口武田的著作中也反复提道："水的形态会因温度和容器的变化而变化，但其本质并未发生变化。我们也必须保持应变的灵活性。"

这些说法本身没什么特别之处，甚至可以说是寻常可见的。但是，结合石桥信夫的口头禅"速度才是最大的服务内容"来看，就不一样了。对于以建设公寓、住宅、商业设施、物流设施为经营内容的大和房屋工业而言，缩短工期是非常重要的竞争力。

为此，必须在购买土地、革新技术、配置建筑人员、调整顺序等各方面不断改革。不仅如此，单说购买土地，就必须比他人更机敏地把握市场动向和信息，发挥爆发力迅速行动起来。以速度为最大的竞争力，就需要在销售、技术开发、施工等各方面有这样的意识。

这样分析后，"水"的言论所隐含的思路就清晰地呈现在我们面前——应变能力背后需要强大的运动神经。

永守经常说：

"蛇不蜕皮必死无疑。"

"我们必须不懈努力，无限接近对方的期待。"

永守的观点也与本田宗一郎和石桥信夫相同。著名企业家的第二个共同点便是"迅猛的应变能力"。

树立浅显易懂的旗帜

说到稻盛和夫，阿米巴经营[1]无疑是他的代名词。以京瓷的老本行陶瓷为例，按原料、成形、烧制、加工等流程将公司划分为小单位，各单位独立核算。工厂中各单位从前一流程

---

[1]　阿米巴经营是稻盛在京瓷公司的经营过程中，为实现京瓷的经营理念而独创的经营管理手法，特点是精细的部门独立核算管理。阿米巴经营把公司组织划分为被称作"阿米巴"的小集体，各个阿米巴以其领导为核心，自行制定各自的计划，并依靠全体成员的智慧和努力来完成目标。

的单位购买材料，向下一流程的单位销售产品。各阿米巴的员工发挥智慧，努力改善核算。

在这样的结构下，稻盛和夫说：

"销售额最大化，经费最小化。" [1]

这句话乍一看也是很平常的。但是，稻盛和夫指出，制造业、流通业、服务业等各行各业中都有关于本行业利润的"常识"，许多企业经营者往往以此为标准经营管理公司。公司业绩达到相应的水平，就认为差不多了。

稻盛和夫则指出"销售额最大化，经费最小化"。这种想法有助于将销售额提到最高，把经费降到最低。慢慢地会觉得利润可以无限提高，削减经费时也不再认为"这是极限"而放弃。应该做无限的努力。

如此一来，各阿米巴可以经常将事前制定的销售、生产和经费等计划与实际情况作比较，让大家清楚业绩情况。当然，也能较快出对策。如果品质没有达标，后面的环节就不愿接受，有利于品质管理。

所有这些努力凝缩成了"销售额最大化，经费最小化"。

普通企业家和著名企业家的差距之一就在于此。重要的事情，用浅显易懂且便于重复的说法表达出来。他们是了不起的交际家。这一点上，永守也一样，他善于把包括"日本电产三

---

[1]《阿米巴经营》（日经商业文库。）

大精神"在内的经营管理要点做成标语。著名企业家的第三个
共同点便是：

让员工心悦诚服，公司才能真正运转起来

"在心与心的和谐互动中推进工作——这也是生产产品的
原动力。"

这是松下的创始人松下幸之助说的。[1]据说松下是建立
心悦诚服关系的达人。三得利创始人鸟井信治郎也一样，生意
伙伴遭遇地震、火灾、台风等灾害时，他会派遣员工帮助对方
善后，看望对方，给对方打气。无论公司规模大小，松下幸之
助如此用心，因此吸引了更多的"幸之助粉丝"，间接地促进
了松下电器产业的发展。他说：

"人心不宜用生硬的道理分析。我希望了解人情的微妙，
以恰到好处的语言构建丰富的人际关系。"

在生存竞争异常激烈的今天看到这句话，不禁令人想到
旧时的美好社会风情。不过，从某个意义上讲，有些道理是不
变的。

"员工不听从你们，是因为你们没有让员工心悦诚服的魅
力。要让员工心甘情愿跟随你这个社长。"

据说，稻盛和夫有一次在自己主办的经营私塾盛和塾上批

---

[1]《开创命运》（PHP 研究所。）

评哭诉"员工不听从自己"的中小企业经营者。让员工心悦诚服，慢慢地让员工理解自己身为企业经营者的想法和心情，这才是打动员工甚至能"强员工所难"的真正的力量。

稻盛和夫的经营理念之一是"追求员工的物质和心灵两方面的幸福"，但他也说"感到快要不行了的时候，真正的工作才开始"。一方面宣称员工的幸福第一，另一方面又让员工以绝不服输的态度努力奋斗，这只有深受员工爱戴的企业家才能做到。

稻盛和夫提倡的是和善的人本主义，但对企业经营者而言绝不轻松。因为要让员工心悦诚服，既需要宽容和严厉并存的魅力，也需要实实在在的业绩。

关于这方面，永守也说过不少，诸如：

"上司必须关心部下的需求。"

"当一个领导感到无法如愿地指挥部下时，应该重新审视自己无意中的言行，有时甚至可以试试反其道而行之。"

与稻盛和夫相比，永守关于领导的看法较为具体，富于实践性，这与他自身的风格相符。永守同样认为领导和企业经营者需要以自身魅力让员工心悦诚服。略有不同之处在于永守认为领导的核心魅力是充沛的能量，这是他的独特之处。因为在他看来，为目标全力以赴、不达目标不罢休的"意志"的力量是最重要的。

著名企业家的第 4 个共同点是"让人心悦诚服的魅力"。

　　著名企业家的共同点还有很多很多。对于身处领导之职的人而言，首先要注意的是引领众人、推动事情发展的力量，这其实是很寻常的，不要以为只有天才才能做到。

附　录

日本电产 44 年成长轨迹

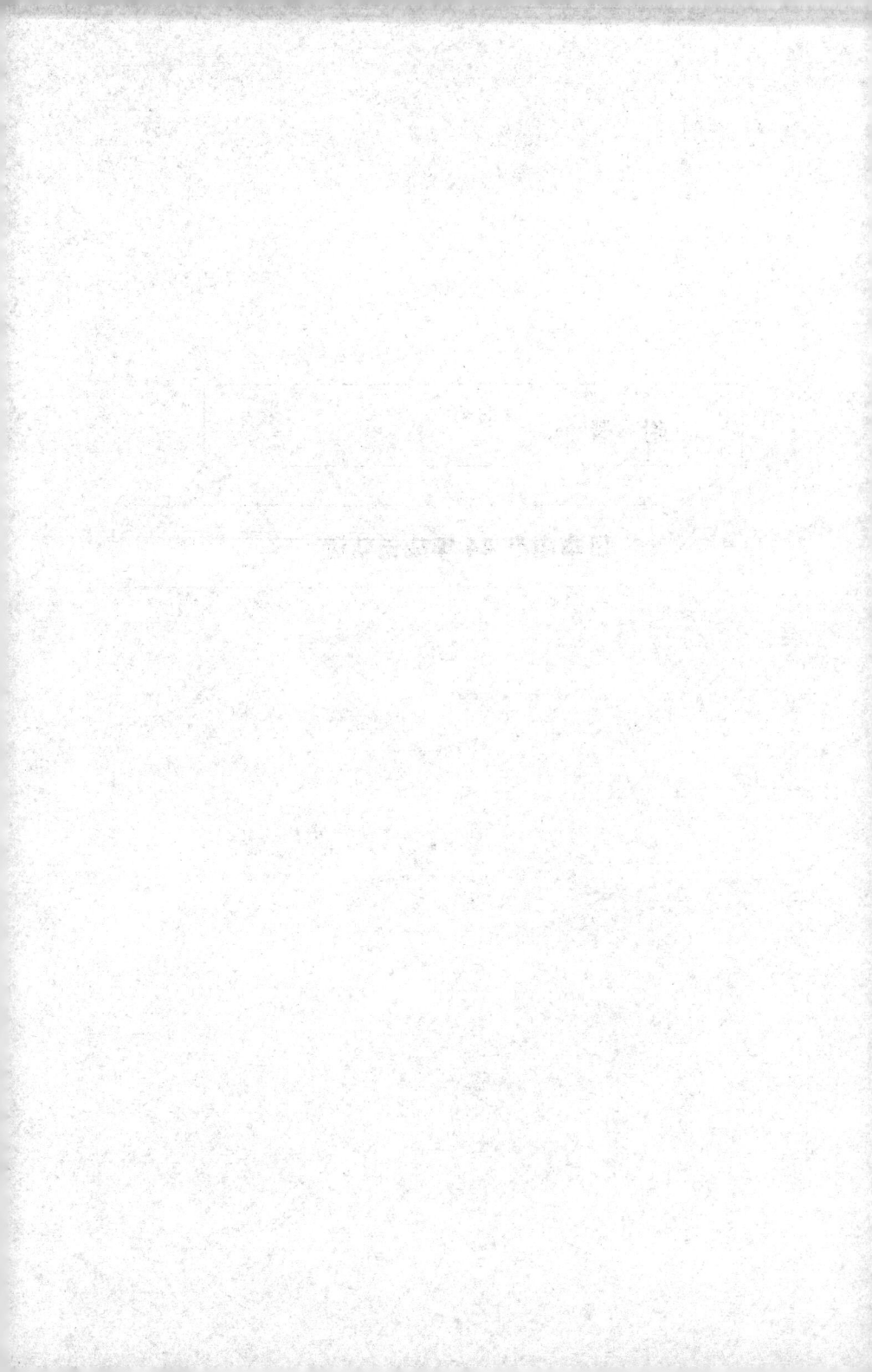

　　1973 年 7 月 23 日日本电产在永守位于京都市区的住宅中成立。成员还有现任副董事长兼首席运营官小部博志等 3 人。他们都是永守母校职业训练大学（现职业能力开发综合大学）的后辈。当时大家都很年轻，永守年仅 28 岁，最年轻的小部仅仅 24 岁。

　　永守高中时就产生了创业的念头，从职业训练大学电气专业毕业后，他先后在音响制造公司蒂雅克和精密机械制造公司山科精器工作，后来决心创业。创业之初他便确定了三大经营原则，分别是"非同族""不转包""以世界级企业为目标"。可见，他一开始便胸怀远大理想。不过，愿望再怎么强烈也并非马上就能实现的。创业初期，客户太少，公司运营如走钢丝般艰难。

　　日本电产的第一个转机，得益于 20 世纪 80 年代中期开始以美国为首的电脑市场的迅猛增长，日本电产率先开发的硬

日本电产主要产品及全球市场占有率

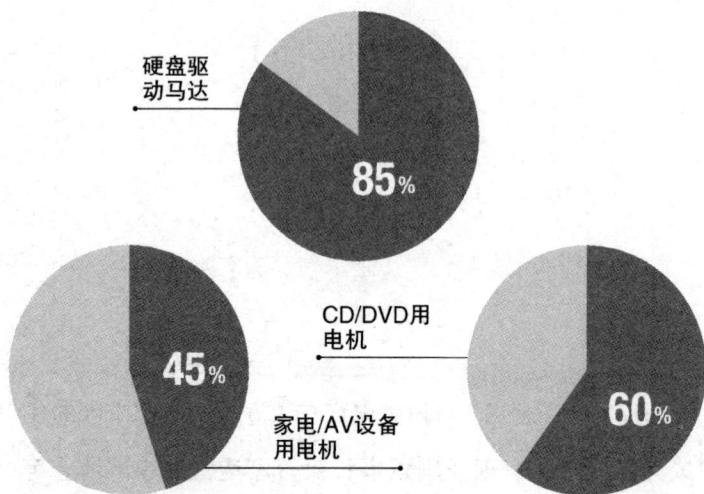

硬盘驱
动马达

85%

CD/DVD用
电机

45%

60%

家电/AV设备
用电机

盘驱动器用小型精密马达大获成功，业绩迅速增长。坚持直销、迅速应对顾客需求的策略，又进一步拉开了日本电产与竞争对手的差距。短短几年间日本电产便成长为精密马达的龙头企业。1988 年，日本电产于成立 15 年后在大阪证券交易所第二部上市。

日本电产创立以来，在"热情、激情、执着""智慧型奋斗""立刻就干，一定要干，干到成功"三大精神的指引下，勤奋拼搏，以顾客为中心，全面削减成本、缩短交货期，打造出强大的竞争力。

第二次飞跃始于 20 世纪 90 年代中期，日本电产正式着手并购，并购甚至成为日本电产的代名词。为了引领始于精密

振动马达

40%

80%

ATM用
电机

70%

液晶面板搬运
机器人电机

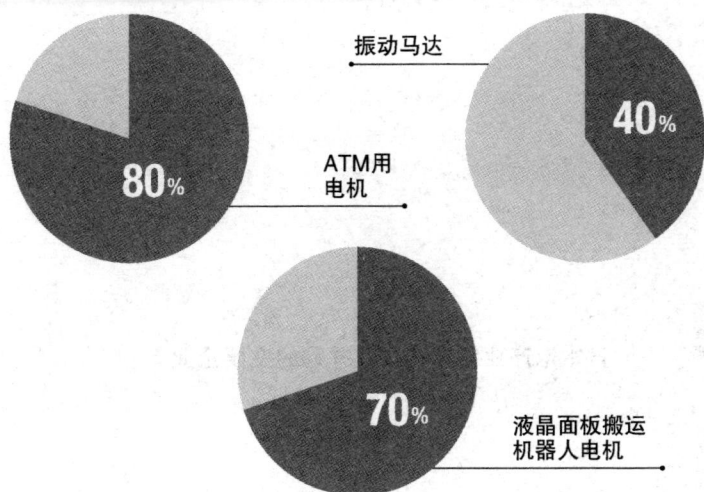

马达的技术革命，进一步提升竞争力，日本电产不断收购国内不景气的企业，并加以重组，2005 年 3 月集团总销售额增至 4 858 亿日元。

第三次飞跃始于 2006 年并购法国雷奥公司的车载马达部门。日本电产自 2010 年起大规模并购海外企业。至此，在精密马达和个人电脑、计算机等相关领域，日本电产已经成为世界首屈一指的马达制造商。也是从这个时期开始，日本电产真正进军车载、家电、商业和工业用马达市场。

2015 年 3 月日本电产的销售额突破 1 万亿日元。这在 1970 年以后成立的日本制造业中是绝无仅有的。他们接下来的目标是 2020 年度销售额达 2 万亿日元，2030 年度达 10 万亿日元。

销售额

日本电产业绩变化及其并购的主要企业

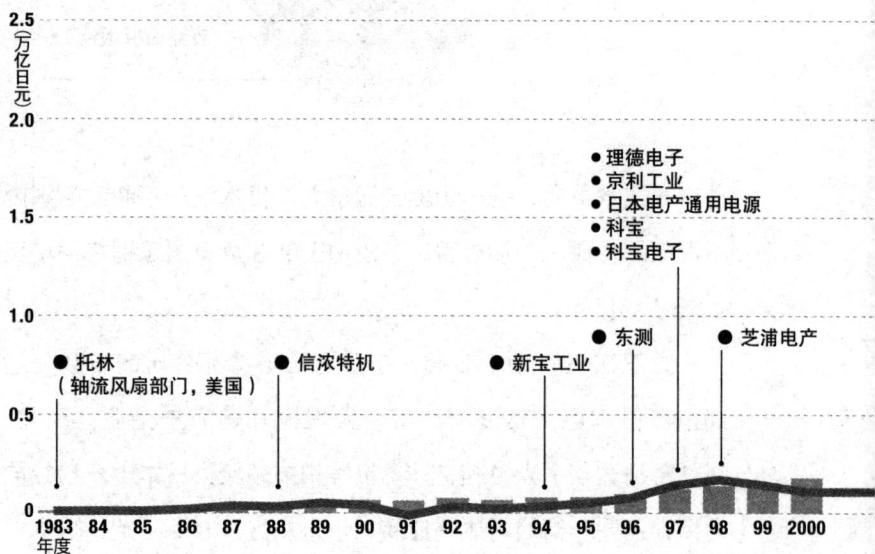

2.5
（万亿日元）
2.0

● 理德电子
● 京利工业
● 日本电产通用电源
● 科宝
● 科宝电子

1.5

1.0
● 东测
● 芝浦电产

● 托林
（轴流风扇部门，美国）

● 信浓特机

● 新宝工业

0.5

0

1983 84 85 86 87 88 89 90 91 92 93 94 95 96 97 98 99 2000
年度

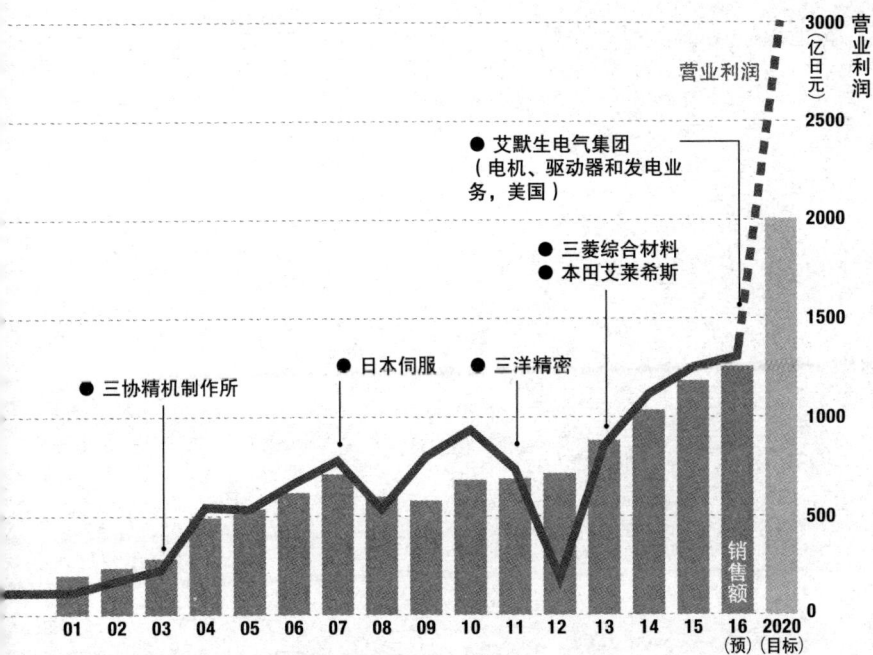

结　语

本书精选永守的 100 句话，揭秘了永守式经营的高明之处，在某个意义上也可以说，描述了日本电产经营的真实情况。

对于永守式经营，并非所有员工都支持，有些员工甚至因不适应而辞职。不可否认的是，任何企业，都注定要置身于市场之中，如果不能在竞争中取胜就难免走向灭亡，这是普遍规律。对于有些企业的经营者"以员工的幸福为第一要旨"，笔者绝无否定之意。不过，这样的企业也终究难免陷入竞争之中。诚然，有些企业"因已经构筑独自的市场而暂时远离竞争"，但市场的构筑及维护也离不开竞争。

为了在这样的竞争中取胜，永守总是全力以赴。他对待事物的态度往往看似有些过火，但究其原因在于他非常用心。关于这一点，相信通读全书的读者已经有所了解了。明确这一点后，再联系他说话当时所处背景，就能更好地理解那些或偏激或深刻，或自信满满或平静的说法。

永守是个彻彻底底的"思考型"人物。他一直在思考各种问题，诸如：如何才能突破难关？如何才能依靠人才与强敌为伍？如何才能让企业存活 10 年以上……深思熟虑后，他便带着坚定的信念，自信地说话，积极地做事，或者即使内心战战兢兢表面却泰然自若。说来，作为商界人士，他的形象本身也是有趣的研究对象。

日本电产已经成长为年销售额 1 万亿日元的大企业，且现在还在不断成长，仍处于变化之中。

副董事长兼首席运营官小部博志是创业之初的 4 名成员之一，他称"从未怀疑过永守所说的话"，真可谓比妻子还坚定的伙伴。

日本电产成为大企业后，吸纳了来自松下、索尼、东芝、夏普等日本著名大企业以及海外大企业的优秀人才。把这些人才与公司自中小企业时期以来的销售和技术人员整合起来，打造真正的世界级企业，可谓永守的新课题，他还需要说新的"话"。

田村贤司